Logic Made Easy
How to Know When Language Deceives You

简明逻辑

[美] Deborah J. Bennett 著

刘新文 陈昭君 陈昭明 等 译

中国轻工业出版社

图书在版编目（CIP）数据

简明逻辑／（美）德博拉·J.贝内特（Deborah J. Bennett）著；刘新文等译.—北京：中国轻工业出版社，2020.10

ISBN 978-7-5184-3080-2

Ⅰ.①简… Ⅱ.①德… ②刘… Ⅲ.①逻辑学—教材 Ⅳ.①B81

中国版本图书馆CIP数据核字（2020）第125204号

版权声明

LOGIC MADE EASY: HOW TO KNOW WHEN LANGUAGE DECEIVES YOU By DEBORAH J. BENNETT.

Copyright © 2004 BY DEBORAH J. BENNETT.

This edition arranged with Books Crossing Borders, Inc.

Through BIG APPLE AGENCY, INC., LABUAN, MALAYSIA.

Simplified Chinese edition copyright © 2020 Beijing Multi-Million New Era Culture and Media Company, Ltd.

All rights reserved.

总策划：石　铁
策划编辑：孔胜楠　　　　责任终审：滕炎福
责任编辑：孔胜楠　　　　责任监印：刘志颖

出版发行：中国轻工业出版社（北京东长安街6号，邮编：100740）
印　　刷：三河市鑫金马印装有限公司
经　　销：各地新华书店
版　　次：2020年10月第1版第1次印刷
开　　本：880×1230　1/32　印张：10.00
字　　数：115千字
书　　号：ISBN 978-7-5184-3080-2　定价：52.00元

读者热线：010-65181109，65262933
发行电话：010-85119832　传真：010-85113293
网　　址：http://www.chlip.com.cn　http://www.wqedu.com
电子信箱：1012305542@qq.com

如发现图书残缺请与我社联系调换

190329Y1X101ZYW

目　录

导　言　逻辑是罕见的 / 1

第一章　证明 / 23

第二章　所有 / 39

第三章　"不"使一切变得更复杂 / 57

第四章　"有的"是"所有"的一部分还是全部 / 73

第五章　三段论 / 87

第六章　当事情被"如果"的时候 / 119

第七章　包含"如果""并且"与"或者"的三段论 / 151

第八章　连锁三段论 / 179

第九章　表达我们思想的符号 / 193

第十章　逻辑机器与真值表 / 215

第十一章　模糊逻辑、谬误与悖论 / 233

第十二章　日常的逻辑与语言 / 261

第十三章　一起好好思考 / 275

参考文献 / 297

译后记 / 315

导 言

逻辑是罕见的

犯罪很常见，逻辑却是罕见的。

——夏洛克·福尔摩斯，《铜山毛榉案》

(*The Adventure of the Copper Beeches*)

"逻辑是罕见的"，对于相信这一点的人，这本书为他们而写；对于认为自己是讲逻辑的而好奇别人为什么不讲逻辑的人，这本书为他们而写；对于逻辑思维为什么并非"自然"而来感到好奇的人，这本书为他们而写；对于任何想让自己变得更有逻辑的人，这本书也为他们而写。讲述逻辑规则、逻辑历史的好书常能遇到，但是你在这里读到的，是我们想要有逻辑地交流时所面临的障碍。

你可能会惊讶地发现，有逻辑地进行推理是困难的。这怎么可能呢？作为人类，我们不都是合乎逻辑的吗？毕竟，人类是会推理的动物，也许是唯一会推理的动物。从我们还是小孩子时，我们就问"为什么"，如果答案没有意义，我们很少会满意。"有意义"到底是什么意思？"有意义"难道不是"合乎逻辑"的另一种说法吗？

小孩子非常重视公平应用的规则和有意义的规则。大人同样如此，他们坚持逻辑所要求的一致性标准。这本书是写给任何一个认为逻辑很重要的人的。它也适用于任何需要相信逻辑很重要的人。

我们的立场或行为被认为不合逻辑或不一致是对我们的侮辱。我们大多数人都认为自己是有逻辑的。但是，种种迹象却显示出一些非常不同的东西。事实证明，我们经常不太符合逻辑。相信自己合乎逻辑是常见的，但逻辑本身却很少见。这本书不同于其他关于逻辑的书。在这里，你将了解为什么有逻辑地进行推理其实并不容易。如果你认为自己很有逻辑，那请尝试一些其他人觉得棘手的逻辑难题。即使你自己没有陷入错误推理的陷阱，这本书也会帮助你理解别人遇到麻烦的方式。

如果你害怕自己没有你想的那么有逻辑性，这本书会帮助你明白原因出在哪里。希望在读完这本书后，你会更有逻辑，更了解你的语言。很有可能你的思维会变得更清晰，你表达想法的能力也会大大提高。也许，最重要的是，你将提高自己评估他人想法和观点的能力——这是一个几乎在任何行业都是无价的工具。

当同事、朋友试图为他们的想法或行为辩护时，我们会听到日常的逻辑论证。在电视上，我们可以听到发言人和政府政策制定者为宣传他们的立场而辩论。事实上，任何人在听另一个人论证某个观点时，都必须能够评估做出的假设，追寻论证的逻辑，以此判断这个论证及其结论是有效的还是谬误的。

领会信息，然后做出推论，这是人类思维过程的一个基本组成部分。在日常的对话、阅读和倾听过程中，我们通常会做出逻辑推论。某些陈述从其他陈述必然地或不必然地得出，这个观念位于我们推理能力的核心。但是，语言和逻辑的规则似乎常常与我们的直观不一致。

我们犯的许多错误是由我们使用语言的方式造成的。语言和语义的某些细微差别妨碍了"正确思考"。本书并不是试图深入研究语义学或认知心理学。这些领域有自己的综合性学术著作。本书讲述的是逻辑和语言以及我们如何和为何在逻辑上犯错误。

在第二章，你会发现，哲学家们在永无止境的真理探索中关注逻辑错误时，借用了数学证明的思想。在第三章、第四章和第五章，当我们开始探索逻辑陈述的语言和词汇——像"所有""不"和"有的"等简单词汇——时，你会惊讶地发现，常识、熟悉度和真理会干扰逻辑。但是，对于一无所知的材料，你又如何更容易地做到合乎逻辑呢？

本书通过解释我们在进行逻辑推理时所遇到的困难，帮助我们了解历史能提供什么。尽管评估有效论证的规则已经存在了两千多年，但是，很久以前就被发现的常见逻辑谬误至今仍然相当普遍。看似简单的陈述继续困惑了很多的人。

我们会犯的错误

在填写重要的法律文件和所得税表格时，人们被要求理解并遵守正式书写的精确语言并消化和理解细则，至少是一点点。当面对你的所得税表格时，你会遇到这样的陈述："所有新泽西居民都必须填写表格203。"你不住在新泽西。你必须填写表格203吗？许多认为自己合乎逻辑的人可能会对这个问题回答"不"。正确答案是："我们不知道——也许是，也许不是。信息不够。"如果陈述是"只有新泽西居民必须填写表格203"，而你不是新泽西居民，那么你回答"不"是正确的。

假设说明上写着"只有新泽西居民必须填写表格203"，而你来自新泽西。你必须填写表格203吗？同样，正确答案是："信息不够。也许是，也许不是。"虽然只有新泽西居民必须填写表格203，但并非所有新泽西居民都必须填写。

我们对语言的解释经常不一致。高速公路上的交通信号信息写着"交通堵塞直到26号出口"。我丈夫似乎加快了速度,说他迫不及待地想看看他们是否在撒谎。当我询问时,他说,在26号出口之后不再有交通堵塞。换句话说,他把这条信息解释为"交通堵塞直到26号出口,之后不再有交通堵塞"。另一天,交通状况良好。这一次,信号信息上写着"直到26号出口车辆行驶畅通"。当我问他认为26号出口后会发生什么时,他说可能会有交通堵塞,也可能没有。他认为信号信息只在26号出口有效。为什么他一方面把信号信息的语言解释为关于26号出口之后会发生什么的承诺,而另一方面却完全没有承诺?

认知心理学家和逻辑学教师经常观察到,推论和推理中的错误不仅极其常见,而且几乎总是属于某一特定类型。我们大多数人在推理中都会出错,我们会犯类似的错误,我们一遍又一遍地犯这样的错误。

从20世纪60年代开始,一直持续到今天,认知心理学家开始了一场大规模的研究,试图明确为什么推理中的这些错误会如此频繁地出现。这个领域的专家有他们自己的杂志和专业协会。这个领域的一些工作揭示出并直接关系到我们何时以及为何在逻辑上犯某些错误。

心理学家设计了各种各样的逻辑"任务",试图理解推理过程以及我们在推理中所犯错误的来源。研究人员彼得·C.沃森（Peter C. Wason）和菲利普·约翰逊－莱尔德（Philip Johnson-Laird）认为,一个特定的实验对一些尝试它的人有一种近乎催眠的效果,并补充说,这个实验诱使大多数被试产生一种有趣的、貌似错误的推论。研究人员给被试展示了四个彩色符号：一个蓝色菱形、一个黄色菱形、一个蓝色圆形和一个黄色圆形（参见图 I.1）。在这个问题的一个版本中,实验者给出了以下说明：

我在想着其中的一种颜色和一种形状。如果一个符号有我正在想的颜色,或者我正在想的形状,或者两者都有,那么我接受它,否则我拒绝它。我接受蓝色菱形。你能推出我对其他符号的接受或拒绝情况吗？[1]

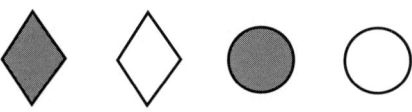

图 I.1 "蓝色菱形符号"实验

---

[1] 彼得·C.沃森,菲利普·约翰逊－莱尔德,《推理心理学》(*Psychology of Reasoning: Structure and Content,* Cambridge, MA: Harvard University Press, 1972),第50页。

一个典型的错误推论是得出黄色圆形将被拒绝的结论。然而，这不可能是正确的。如果实验者想的是"蓝色和圆形"，那么蓝色菱形将被接受，在这种情况下，黄色圆形不会被拒绝。在接受蓝色菱形时，实验者告诉我们，他正在想的是：（1）蓝色和菱形，（2）蓝色和圆形，或者（3）黄色和菱形。但是，我们不知道是哪一个。因为他接受所有其他的符号，这些符号或者有他正在想的颜色或形状（或者拒绝这个符号），在情况（1）中，他接受所有蓝色形状和任何颜色的菱形。（他只拒绝黄色圆形。）在情况（2）中，他接受所有蓝色形状和任何颜色的圆形。（他只拒绝黄色菱形。）在情况（3）中，他接受任何黄色形状和任何颜色的菱形。（他只拒绝蓝色圆形。）由于我们不知道他在考虑上述三种情况中的哪一种，我们不可能知道其他哪个符号会被拒绝。（但是，我们知道将是其中的一个。）他接受蓝色菱形并没有提供足够的信息让我们确定他接受或拒绝任何其他的符号。我们只知道另外两个会被接受，一个会被拒绝。我们能做出的唯一推论，是关于实验者在想什么——或者更确切地说，他没有在想什么。他没有在想"黄色和圆形"。[1]

---

[1] 根据彼得·C.沃森和菲利普·约翰逊-莱尔德在《推理心理学》（1972）中的观点，在析取概念获得任务中，常犯的错误被称为共同元素谬误（the common-element fallacy）。

作为一名大学教授，我经常目睹逻辑上的错误。我经常准确地知道哪些问题以及哪些错误的答案会诱使学生在逻辑思维中犯错。像大多数老师一样，我想知道的是，我会犯这样的错误吗？只有我的学生犯这样的错误吗？答案是，即使是聪明的成年人，在简单的推演中也会犯错，这一点也不奇怪。

一些美国国家考试，比如，教学实践一级考试（Praxis I™，教学专业人员考试）、研究生入学考试（Graduate Record Examination，简称 GRE®）、研究生管理专业入学考试（Graduate Management Admission Test，简称 GMAT®）和法学院入学考试（Law School Admission Test，简称 LSAT®），都包括了逻辑推理或分析问题。正是这些类型的问题让考生觉得最难。

美国教育考试服务中心（Educational Testing Service，简称 ETS®）在 1992 年给出的全美教师考试的一个问题如下所示。[1] 在这次考试数学部分的 25 个问题中，这个问题的正确回答率最低。在 7000 多名考生中，只有 11% 的人能正确回答此问题，而绝大多数数学问题的正确回答在 32%～89% 之间。[2]

---

[1] 美国教育考试服务中心，《新手教师普瑞克西斯考试系列专业评估》（*The PRAXIS Series Professional Assessments for Beginning Teachers: NTE Core Battery Tests Practice & Review*, Princeton, NJ：ETS, 1992）。

[2] 25 个问题中有 23 个有 32% 或更多的正确回答（美国教育考试服务中心，1992），另一个问题有 16% 的正确回答，但在我看来，这是一个骗人的问题。

歧义可能是这里某些错误的根源。给定的前两个陈述提到了教育专业，第三个给定的陈述转到了关于数学学生的陈述。但最有可能的是，那些在这个问题上犯错误的人被结论 C 的真所诱惑。这可能是一个真实的结论，但不一定是从给定的陈述中得出的。从逻辑上说，正确的答案 B 是从前面两个陈述中得出的。因为所有教育专业学生都在教书，而且一些教育专业的学生有双学位，所以一些有双学位的学生也在教书。

前提：

1. 所有教育专业的学生都教书。
2. 一些教育专业有双学位。
3. 一些数学学生是教育专业的。

以下哪一个结论是从上面的 1、2 和 3 必然地得出的？

A. 有的数学学生有双学位。

B. 有的双学位学生教书。

C. 所有实习教师都是教育专业的。

D. 所有双学位学生都教书。

E. 不是所有数学学生都是教育专业的。

[来源:《新手教师普瑞克西斯考试系列专业评估》(1992)，经美国教育考试服务中心授权使用。]

在过去的 25 年里，美国教育考试服务中心提供的研究生入学考试（GRE）包括三个衡量标准——语言、数量和分析。美国教育考试服务中心指出，分析测试的是我们理解关系、从关系中推演信息、分析和评估论证、识别假设和得出可靠推论的能力。教育考试服务中心指出，"分析部分的问题衡量在几乎所有学习领域中发展起来的推理技能。"[1]

逻辑和分析部分约占法学院入学考试（LSAT）的一半，该考试面向未来的法学院学生。考生需要分析论证隐藏的假设、错误的推理和适当的结论。然而，许多未来的法学院学生发现这一部分极其困难。

逻辑应该无处不在

很难想象，日常活动中的推论和推演不是以逻辑推理为基础的。医生必须根据眼前的症状进行推理，汽车修理工也必须如此。警探和法医专家必须从逻辑上处理线索，并从中推理。计算机用户必须熟悉机器设计要遵循的逻辑规则。商业决策是基于对现实和意外情况的逻辑分析。陪审员必须能够权衡证据，查询律师在起诉或辩护案件时的逻辑：如果被告当时在电

---

[1] 参见美国研究生入学考试（GRE）官方网站。

影院，那么他就不可能犯罪。事实上，任何解决问题的活动，或者今天教育家们所说的批判性思维，都涉及寻找模式和通过逻辑路径得出结论。

演绎思维在科学中至关重要，推论规则是形成和检验假说的必要条件。无论是由人还是由计算机执行的一个接一个的逻辑步骤的过程保证了结论有效地从数据中得出。逻辑提供的确定性对我们发现真理做出了重大贡献。伟大的数学家莱昂哈德·欧拉（Leonhard Euler，1707—1783）说，逻辑"是我们所获得的所有知识确定性的唯一基础"[1]。

逻辑发展的大部分历史可以解释，为什么我们许多人在推理中会犯错误。研究逻辑的根源和演化，有助于我们理解为什么我们这么多人经常被看似简单的逻辑推演所绊倒。

历史能有什么帮助

《哥德尔、艾舍尔、巴赫》（Gödel, Escher, Bach）一书的作者侯世达（Douglas Hofstadter，也译为道格拉斯·霍夫施塔

---

[1] 莱昂哈德·欧拉，《致德国公主的书信》（Letters of Euler to a German Princess on Different Subjects in Physics and Philosophy），亨利·亨特（Henry Hunter）英译（Bristol, England: Thoemmes Press, 1997），CV，第 469 页。

特）说，对逻辑的研究始于试图使推理的思维过程机械化。侯世达指出，即使古希腊人也知道"推理是一个模式化的过程，至少部分地受稳定法则的支配"[1]。事实上，希腊人认为演绎思维具有模式，而且很可能具有可以表达的规律。

尽管某些类型的话语，如诗歌和讲故事，可能不适合逻辑探究，但需要证明的话语是逻辑探究的沃土。证明一个陈述，就是从已知或公认的真理——称为前提（premise）——有效地推论出这个陈述。人们普遍认为，最早的证明应用是由希腊人在数学——特别是在几何学领域——中展示的。

当形式演绎系统在几何学中得到发展时，哲学家们开始尝试将类似的规则应用于形而上学的论证。作为与逻辑论证相关联的最早人物，柏拉图被诡辩家（Sophists）的论证所困扰。诡辩家在辩论过程中使用故意混淆和语言花招来赢得争论。如果你不对诡辩免疫因而不谙世故（unsophisticated），你可能就会被他们的论证所愚弄。[2] 作为逻辑学的创立者，亚里士多德没有诉诸诡辩家的语言花招和诡计，而是试图系统地展示所有

---

[1] 侯世达，《哥德尔、艾舍尔、巴赫》（*Gödel, Escher, Bach: An Eternal Golden Braid*，New York：Vintage Books，1979），第 19 页。
[2] 鲁迪·拉克（Rudy Rucker），《思维工具》（*Mind Tools: The Five Levels of Mathematical Reality*，Boston：Houghton Mifflin Company，1987）。

人都会同意的规则，只处理某些称为命题（proposition）的陈述的正确用法。

我们在逻辑领域中使用的词汇，直接来自亚里士多德为制定命题的逻辑推理规则时使用的词汇的拉丁文翻译。在这些词汇中，很多已经悄悄进入我们的日常语言。诸如全称（universal）和特称（particular）、前提（premise）和结论（conclusion）、矛盾（contradictory）和反对（contrary）等词只是亚里士多德首次引入的术语中的其中几个，这些术语已经进入所有受过教育的人的词汇中。

亚里士多德证明了句子如何恰当地结合在一起形成有效的论证。我们会在第五章对此进行研究。其他希腊学派，主要是斯多葛学派，也贡献了一个逻辑和论证系统，我们将在第六章和第七章讨论。

与语法、修辞、音乐、算术、几何和天文学一起，逻辑曾一度被认为是"七艺"之一。评论家指出，这些科目代表了一种学习过程，被认为是"为理想骑士的生活做好适当准备，并作为赢得比追求者更高等级的淑女的必要步骤"[1]的关键。16世

---

[1] 威尔伯·塞缪尔·豪厄尔（Wilbur Samuel Howell），《1500—1700 英国的逻辑与修辞》(*Logic and Rhetoric in England, 1500-1700*, New York: Russell & Russell, Inc, 1961)，第 49 页。

纪的逻辑学家托马斯·威尔逊（Thomas Wilson）的逻辑著作《理性的规则》（*Rule of Reason*，1551）被认为是已知的第一本用英语写成的逻辑书籍，他在书中说：

> 语法教人说单词。
> 逻辑说得贴切又简单，
> 通过艺术阐明真理，
> 告诉我们什么是徒劳的。
>
> 修辞细致涂饰原因，
> 为使原因唯美华丽；
> 逻辑只说一个词，
> 也要顺便教一遍。
>
> 有曲调的音乐，悦耳动听，
> 让我们觉得这是天堂；
> 算术可以使用数字
> 使得认识是平等的。
>
> 几何东西厚又宽，

直线方形来度量；

天文学的星星告诉我们，

世上有肮脏和美好。[1]

在亚里士多德提出逻辑规则近两千年后，戈特弗里德·莱布尼茨（Gottfried Leibniz）梦想逻辑可以成为一种通用语言，通过这种语言，争议可以用解决普通代数问题那样精确的方式来解决。你在第九章会发现，在17世纪的哲学家和数学家中，只有莱布尼茨（与艾萨克·牛顿共同发明了我们今天所说的微积分）有一个愿望，那就是能够创造一种逻辑和推理的通用语言，所有真理和知识都可以从这种语言中获得。通过将逻辑简化为一个符号系统，他希望思维中的错误可以被检测为计算错误。莱布尼茨认为，他的体系是解决人与人之间冲突的一种工具——世界和平的一种工具。直到大约200年后，乔治·布尔（George Boole）开始着手这项工程，世界才注意到莱布尼茨的设想。

伯特兰·罗素（Bertrand Russell）说，纯数学是乔治·布尔发现的，数学史学家埃里克·坦普尔·贝尔（Eric Temple

---

[1] 威尔伯·塞缪尔·豪厄尔，《1500—1700 英国的逻辑与修辞》（1961），第14页。

Bell）认为，布尔是英国产生的最有独创性的数学家之一。[1]乔治·布尔出生于英国社会的商人阶层，从小就知道阶级意识的势利使他几乎不可能超越他卑微的店主地位。在家人的鼓励下，他自学了拉丁文、希腊文，并最终进入了当时最先进的数学领域。即使在数学上取得了一定的声誉，他仍然在小学教书以在身边赡养他的父母，35 岁时，布尔被任命为位于爱尔兰科克的女王学院的数学教授。

1854 年，布尔创作了他最著名的作品，一本名为"思维规律的研究"（An Investigation of the Laws of Thought）的逻辑书。许多作者指出，"思维规律"是一种极端的夸张——也许思维不仅仅涉及逻辑。[2]然而，这个标题反映了他的精神，即赋予逻辑像代数所享受的那样严格和不可避免的规律。布尔的工作是所谓布尔逻辑的起源，布尔逻辑这个系统如此简单，甚至一台机器都可以使用它的规则。事实上，在当今时代，许多计算机就是这样做的。你将在第十章看到逻辑学家是如何试图创造推理机器的。

---

[1] 埃里克·坦普尔·贝尔，《数学大师：从芝诺到庞加莱》（Men of Mathematics: The Lives and Achievements of the Great Mathematicians from Zeno to Poincaré, New York: Simon & Schuster, Inc., 1937），第 433 页。

[2] 鲁迪·拉克，《思维工具》（1987），第 209 页。

在19世纪布尔符号逻辑作品的普及者中，有查尔斯·路特维奇·道奇森（Charles Lutwidge Dodgson）牧师，他以刘易斯·卡罗尔（Lewis Carroll）的笔名写作。他被布尔的符号逻辑机械化推理方法迷住了，写下了可以用这些方法解决的大量逻辑谜题。卡罗尔写了两卷本的著作《符号逻辑》(*Symbolic Logic*)（他在有生之年只完成了第一卷），并将它献给亚里士多德。据说，作为《爱丽丝漫游奇境记》(*Alice's Adventures in Wonderland*)的作者，刘易斯·卡罗尔认为，他的逻辑书才是他最引以为傲的作品。在《符号逻辑》的导论中，卡罗尔热情洋溢地描述了他认为研究逻辑学科的好处。

一旦掌握了符号逻辑的机制，你就有了一个随时可用的思想工具，一个能让人产生兴趣的工具，一个对你所从事的任何学科都有实际用处的工具。它会给你清晰的思维——看穿谜题的能力——习惯于以一种有序的、容易理解的方式来安排你的想法。而且，比一切都更有价值的是，它能发现谬误，并把站不住脚的、不合逻辑的论证撕成碎片，这样的论证是你在书籍、报纸、演讲甚至布道中经常会遇到的，而且很容易欺骗那些从未花心思去掌握这门迷人艺术的人。试试吧。这就是我对你的全部要求！[1]

卡罗尔显然对布尔的符号逻辑及其在解决问题、构建思想和防止不合逻辑的陷阱方面所带来的便利深感兴趣。

* * *

逻辑语言使用简单的日常词汇——我们一直在使用并且大概理解的词汇。将这些术语组合成能导致有效推论的陈述的规则，这个事情已经存在了几千年。逻辑规则本身是否合乎逻辑？为什么我们需要规则？难道不正是我们的推理能力使我们成为人类吗？

尽管我们一直在使用逻辑，但似乎我们并不太符合逻辑。对于演绎思考中的错误的原因，研究者们提出了各种各样的理由。有些人认为，个体会忽略现有信息，会添加自己的信息，

---

[1] 刘易斯·卡罗尔，《西尔维和布鲁诺》(*Sylvie and Bruno*, London: Macmillan and Co., 1896)，第 53 页。

在跟踪信息时会遇到困难，或者无法检索必要的信息。[1] 有些人认为，日常语言不同于逻辑学家使用的语言，但也有人假设，错误来自我们的认知能力不足。有些人认为，熟悉一个论证的内容可以增强我们正确推论的能力，也有人认为，正是那种熟悉干扰了这种能力。[2] 如果问题不在于错误的推理，那么材料中是什么让我们把注意力集中在错误的事情上呢？

当我们在接下来的章节中往前推进的时候，我们将检查我

---

[1] 玛丽·亨利（Mary Henle），《逻辑与思维之间的关系》("On the relation between logic and thinking")，《心理学评论》(*Psychological Review*)，1962年，第69卷，第4期，第366—378页；乔纳森·巴伦（Jonathan Baron），《思维与决策》(*Thinking and Deciding*, New York: Cambridge University, 1988)；约翰·R. 安德森（John R. Anderson）《认知心理学及其启示》(*Cognitive Psychology and Its Implications*, 3rd ed., New York: W. H. Freeman and Company, 1990)。

[2] 赫尔曼·斯托登迈耶（Herman Staudenmayer），《理解如何通过有意义的命题进行条件推理》("Understanding conditional reasoning with meaningful propositions")，出自：雷切尔·J. 法尔马根（Rachael J. Falmagne）编，《推理：儿童和成人中的表达与过程》(*Reasoning: Representation and Process in Children and Adults*, Hillsdale, NJ: Erlbaum, 1975)，第55—80页；菲利普·约翰逊-莱尔德，彼得·C.沃森，《对一个推理任务的理论分析》("A theoretical analysis of insight into a reasoning task")，出自:《思维：认知科学读本》(*Thinking: Readings in Cognitive Science,* Cambridge: Cambridge University Press, 1977)；理查德·A. 格里格斯（Richard A. Griggs），詹姆斯·R. 考克斯（James R. Cox），《沃森选择任务中难以解释的主题材料》("The elusive thematic-materials effect inWason's selection task")，《英国心理学杂志》(*British Journal of Psychology*)，1982年，第73卷，第407—420页。

们在日常生活中使用（或误用）语言和逻辑的方式。我们能从逻辑的根源和演化中获得什么样的洞察力？心理学家怎样才能让我们了解我们经常犯的推理错误？我们能有什么作为来避免不合逻辑的陷阱呢？理解逻辑规则能培养清晰的思维吗？也许完成本书阅读的这段旅程之后，我们都会思考得更有逻辑性。

但是，我们不要一下跳到前面去，我们还是从头开始。就逻辑思维而言，我们对彼此的最低期望是什么？为了回答这个问题，我们需要考察在最初的数学证明中发现的逻辑根源。

第一章

证 明

再多的实验也无法证明我是对的,但只要一个实验就能证明我是错的。

——阿尔伯特·爱因斯坦

我只强调一致性

我们希望自己和他人都能遵循一些日常交谈的原则。这些原则是日常生活中出现的所有推理的基础。我们认为,如果一个人诚实、理性,这些原则就会得到遵守。一致性(consistency)是理性行为的指导原则。如果你始终保持一致性,那么我相信你不会蒙骗我。

如果你昨天告诉我你爱吃花椰菜,今天却说你讨厌花椰菜,由于我知道你很理性也很诚实,所以我可能会得出结论:有些事情已经变了。如果什么都没有改变,那么你的立场就是前后矛盾的。如果你说自己过马路之前会注意两边来往的车辆,而有一天,我看到你在过马路时不小心违反了交通规则,你的行为与你的说法则产生了矛盾，你就是不一致的。

这些一致性和矛盾性（noncontradiction）原则很早就被认为是数学证明的核心部分。在亚里士多德的一篇关于逻辑论证的论述《论题篇》(The Topics) 中，他表达了他的期望，他希望提出一些方法，即我们能够"从摆在我们面前的任何问题的普遍接受的观点中进行推理，并且我们能在论证过程中不说任何自相矛盾的话"[1]。为此，让我们同时考虑排中律（law of the excluded middle）和矛盾律（law of noncontradiction），这是逻辑学中的真理和最基本的公理。亚里士多德将它们看作基本原则。

排中律要求事物要么必须具有某一特定属性，要么不具有该属性。事物要么这样，要么那样；没有其他可能。换句话说，中间立场被排除在外。一个图形要么是圆形，要么不是圆形。一个图形要么是正方形，要么不是正方形。平面上的两条线要么相交，要么不相交。一个陈述要么是真的，要么不是真的。但是我们发现，这个原则经常被误用。

你有多少次听到一个论点（故意地？）排除了中间立场，而实际上存在一个中间立场？你要么赞同我，要么反对我。你

---

[1] 亚里士多德，《论题篇》，卷 1.1，第 100a18 页，出自：W. D. 罗斯（W. D. Ross）编译，《牛津亚里士多德学生手册》(*The Student's Oxford Aristotle, Vol.1*, London: Oxford University Press, 1942)。

要么赞同协助自杀，要么赞同人可以忍受持续的痛苦。热爱美国或离开美国。这些都是排除中间立场的例子；在一个符合排中律的正确语句中，没有中间立场。政客们经常把自己的论点说得好像排除了中间派，迫使他们的竞争者站在与他们相反的立场上。

有趣的是，这种黑白混合的谬误在古希腊政治家们的辩论中十分常见。被柏拉图和亚里士多德公开蔑视的诡辩论者，就试图使用一些听起来像排中律的语言技巧。例如，在柏拉图的《尤西德姆斯》（*Euthydemus*）中，诡辩论者说服一个年轻人承认自己不是"聪明的"就是"无知的"，在应该有中间立场的时候不提供任何中间立场。[1]

与排中律密切相关的，是矛盾律。矛盾律要求一个事物不能既存在又不存在。一个图形不能既是圆形又不是圆形。一个图形不能既是正方形又不是正方形。平面上的两条直线不能既相交又不相交。一个语句不能既是真的又是假的。当亚里士多德确立他的逻辑规则时，他反复地证明一种说法是正确的，他说，"同一事物同时存在又不存在"[2] 是不可能的。如果你同时相信一

---

[1] 柏拉图，《尤西德姆斯》，罗莎蒙德·肯特·斯普拉格（Rosamond Kent Sprague）英译（Indianapolis: Bobbs-Merrill Company, Inc., 1965）。

[2] 亚里士多德，《前分析篇》（*Analytica Priora*），卷II.2，第53M2页，出自：W. D. 罗斯编译，《牛津亚里士多德学生手册》（1942）。

个说法既是正确的又是错误的，那么你会发现自己陷入了自相矛盾的境地。一套证明规则体系将设法防止这种情况发生。斯多葛学派在公元前 3 世纪进一步发展了逻辑规则，他们认为，排中律和矛盾律在一条规则中，"要么是第一条，要么不是第一条"——意思是，总有其中一条，但绝不是两者兼而有之。

任何推理证明的基本步骤都是相同的，无论是数学方面的还是形而上学方面的。我们从正确的（或一致同意的）陈述即前提开始，并在每一个步骤中都承认，下一个陈述或结构合理地遵循前一个陈述。当我们得出最后的陈述，也就是我们的结论（conclusion）时，我们知道这个结论一定是正确的，这由我们的逻辑推理链所决定。

数学史专家威廉·邓纳姆（William Dunham）认为，尽管很多更古老的群体通过观察发现了数学性质，但希腊人最早产生证明（proving）的概念。生活在公元前 600 年左右的泰勒斯（Thales）被认为是已知的最早的数学家。

作为一个近似于神话中的人物，泰勒斯被公认为论证数学之父。他的贡献在于，坚持认为几何学结果不应该只凭借其直观吸引力而被接受，而必须"服从严格的逻辑论证"[1]。公元前

---

[1] 威廉·邓纳姆，《天才之旅》（*Journey through Genius*，New York：Penguin Books，1997），第 7 页。

6世纪，由另一个半神话人物毕达哥拉斯（Pythagoras）创立的集神学、哲学、数学为一体的毕达哥拉斯学派中的成员，发现并系统证明了一些几何性质，他们坚持认为几何推理是依照公理（axioms）或公设（postulates）的仔细推导来进行的，他们的这个观点受到了称赞。毫无疑问，他们和柏拉图学园的成员一样，都知道演绎系统的基本概念。

苏格拉底在他的哲学论证中使用演绎系统的例子不胜枚举，柏拉图的会话录中对此有详细的描述。在这里，我们也可以看到苏格拉底在反驳形而上学论证时运用了矛盾律。苏格拉底接受对手的真前提，并通过逻辑推理，迫使对手接受一个矛盾或荒谬的结论。到底是哪里出了错呢？如果你承认论证的有效性，那么最初的前提一定不是真的。这种通过揭露假设的不一致性来驳斥假设的方法采用的是以下形式：如果 P 为真，那么 Q 为真。但是，Q 是荒谬的，不为真，因此，P 不可能为真。这种反驳论证的形式叫作归谬法（reductio ad absurdum）。

虽然苏格拉底可能向柏拉图提到过这种论证形式，但柏拉图将其归功于芝诺（Zeno of Elea，约前490—约前430）。亚里士多德认为，芝诺的功劳在于，"归于不可能"论证（reductio ad impossibile），即让对方承认不可能或矛盾。芝诺通过哲学上的反驳确立了自己的论点，并利用这种方法提出了几个悖论，迷惑了很多人，例如，众所周知的阿基里斯（Achilles）与乌龟的悖论。芝诺的论证形式是这样的：如果 P 为真，那么 Q 为真。此外，如果 P 为真，那么 Q 不为真。由于命题 Q 不可能同时为真又不为真（矛盾律），那么命题 P 也不可能同时为真。[1]

归谬法

反驳论证只能证明否定的结果，即 P 是不可能的。但是，如果在双重否定的帮助下，人们就可以证明各种肯定的陈述。归谬法通过假定被证明的命题是假的（false），可以应用于证明中。为了证明一个肯定的命题，我们将我们想要证明的东西的反面看作一个前提。这样，一旦我们用谬误驳倒了前提，我们就证明了与我们想证明的相反的东西是不可能的。现在，这种方法被称为间接证明（indirect proof）或矛盾证明（proof by contradiction，也称反证法）。斯多葛学派就是用这种方法来验证他们的逻辑规则的，欧几里得学派也使用了这种方法。

---

[1] 威廉·涅尔（William Kneale），玛莎·涅尔（Martha Kneale），《逻辑的发展》（*The Development of Logic*，London: Oxford University Press，1962），第 8 页。他们指出，毕达哥拉斯学派可能向芝诺提出了"归于不可能"论证。

虽然毕达哥拉斯证明的证据没有保存下来，但欧几里得的证明保存了下来。在很长的一段时间里，欧几里得几何学被认为是希腊人在公元前 300 年左右已知的所有几何学的顶峰，欧几里得《几何原本》(*Elements*)以一种彻底的、有组织的、合乎逻辑的方式推导出几何学。因此，从一些公认的假设中合乎逻辑地推导出几何原理的系统得以成为演示证明的范例。《几何原本》为随之而来的所有数学运算设立了严格的标准。[1]

欧几里得运用"反证法"来证明素数的个数是无限的。为了证明这一点，他首先假设素数的个数是有限的，而不是无限的。从逻辑上讲，欧几里得在证明中得到了一个矛盾，这个证明太复杂了，以至在这里不好详细解释。那么，到底是哪里出了错呢？如果论证的逻辑是完美无瑕的，那么有可能是先前的假设出了错。根据排中律，素数要么有限，要么无限。欧几里得假设素数是有限的，随后得到一个矛盾。因此，他最初设立"素数是有限的"这一前提，肯定是错误的。如果"素数的个数是有限的"为假，那么"素数的个数是无限的"就为真。换句话说，通过这种方式就证明了素数的个数是无限的。

---

[1] 威廉·涅尔，玛莎·涅尔，《逻辑的发展》(1962)，第 3 页；埃里克·坦普尔·贝尔，《数学大师：从芝诺到庞加莱》(1937)，第 20 页。

欧几里得用同样的方法证明了平行公理，即一条直线落在平行线上形成的内错角相等，如图 1.1 所示。为了证明这个命题，他首先假设一条线与平行线相交所形成的内错角不相等，然后再有条不紊地按照逻辑一步一步地进行推理，直到得出一个矛盾。这个矛盾要求欧几里得得出这样的结论：最初的前提一定是错的，因此内错角是相等的。

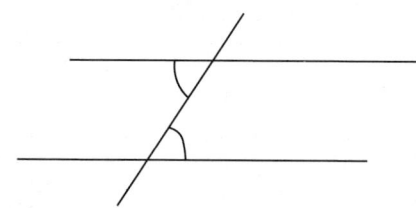

图 1.1　欧几里得证明的几何命题之一：内错角相等

使用反证法，我们先要假定一个与命题的结论相反的前提。通常，找出结论的反面是很容易的，但有时也不容易。同样，要在哲学论证中驳倒对手的立场，我们需要清楚地知道与他的立场相矛盾的那一面意味着什么。古希腊的辩论一般是由两名持相反立场的发言者进行的。因此，了解相互矛盾的陈述是十分必要的，这样才能知道一个发言者在什么时候成功地驳倒了他对手的立场。亚里士多德定义了相互矛盾的陈述，或者说在某种意义上相互对立的陈述。例如"没有个体是无私的"和"有的个体是无私的"这样的陈述被认为是矛盾命题（contradictories）。作为矛盾双方，它们不可能同时为真也不可能同时为假——一个必须为真时，另一个必须为假。

亚里士多德认为，每一个肯定的陈述都有与之相反的否定形式，就像每一个否定的陈述都有一个肯定的反面一样。他提出了以下成对的矛盾来进行解释说明（如表 1.1 所示）。

表 1.1 亚里士多德的矛盾对[1]

这可能是。	这可能不是。
这是偶然的。	这不是偶然的。
这是不可能的。	这不是不可能的。
这是必然的。	这不是必然的。
这是真的。	这不是真的。

此外，像"每个人都有足够的食物"这样的陈述在本质上是一个全称命题，也就是说，它是与所有人相关的一种陈述。

---

[1] 来自哈罗德·珀西·库克（Harold Percy Cooke）、休·特里德尼克（Hugh Tredennick）与 W. D. 罗斯对《解释篇 XII》（22a10）的翻译。"偶然"意味着不确定、意外或不可预测，"必然"意味着不可避免或确定。参见：哈罗德·珀西·库克，休·特里德尼克，《亚里士多德：范畴篇、解释篇与前分析篇》（*Aristotle: Categories, On Interpretation, Prior Analytics*, Cambridge: Harvard University Press, 1938）；W. D. 罗斯编译，《牛津亚里士多德学生手册》（1942）。

与它相矛盾的陈述是"不是每个人都有足够的食物"或"有的人没有足够的食物",这就不是一个全称命题,而是特称命题。全称肯定命题和特称否定命题是相互矛盾的关系。

同样地,全称否定命题和特称肯定命题也是矛盾的。"没有个体是无私的"是一个全称否定命题,但其矛盾命题,"有的个体是无私的"则是一个特称肯定命题。作为矛盾双方,它们不可能同时为真也不可能同时为假,只有一种情况始终存在,即一个命题为真时,另一个命题为假。

人们经常混淆矛盾命题和反对命题。亚里士多德把反对命题(contraries)解释为两种类型———一种是肯定的,另一种是否定的,它们在本质上都是全称的或者特称的。例如,"所有人都富有"和"没有人富有"是一组反对命题。两者不可同时为真,但可同时为假。

"家里没人帮忙。"

"我们有的人帮忙。"

"不要反驳我。"

"这个家里的每个人都很懒。"

"我不想反驳你,但我们中的一些人并不懒。"

"家里没人帮忙。"

"我们都帮忙。"

"别相反。"

"这个家里的每个人都很懒。"

"正相反,我们没有一个人懒。"

约翰·斯图尔特·密尔(John Stuart Mill)指出,当一个人无法区分反对关系(contrary)与矛盾关系(contradictory)时,就会经常犯错误。[1] 他接着说,这些错误更多地存在于我们的私人想法中,如果把这个想法清晰地说出来,这个错误就会被发现。

否证

否证(disproof)往往比证明容易。任何关于某物是绝对的或属于所有事物的主张,只要一个反例(counterexample)就可以推翻。悲观者断言:"没有人是无私的。"如果你能想到一个曾经无私地生活过的人,就能驳倒这种说法。例如,你可

---

[1] 约翰·斯图尔特·密尔,《逻辑体系》(*A System of Logic: Ratiocinative and Inductive. Being a Connected View of the Principles of Evidence and the Methods of Scientfic Investigation*, 8th ed., London: Longman's, Green, 1941), 第526页。

能会让悲观者们承认,"特蕾莎修女(Mother Teresa)是无私的"。因此,有的人是无私的,你用一个反例就推翻了悲观者的说法。正如爱因斯坦所说,再多的例子都无法证明"所有"(all)命题是正确的,但只需一个例子就能证明这种命题是错误的。

对于含有"所有"或"从不"(never)的语句,一个反例就可以将它们驳倒。然而,在日常交谈中,我们经常听到人们错误地使用反例。反例论证的概念并没有向相反的方向扩展。尽管如此,我们有时仍然会听到以下不合逻辑的话,一个女人说:"所有女性都是和平主义者。"一个男人说:"我不是女性,我是和平主义者。"但这并不是前一种说法的反例。如果要反驳那个女人的说法,他必须找出一个不是和平主义者的女性。

心理学家们发现,当人们注意到矛盾存在时,他们的逻辑能力会变得非常强,但当反例不明显时,正确的推理往往会受到阻碍。例如,在盖伊·波利策(Guy Politzer)关于逻辑概念即条件的解释差异的研究中,当可以直接看出矛盾时,被试可以成功地从逻辑角度评估规则。具体而言,在波利策的实验中,被试被给予了一个特定的陈述,例如,"我从不在不戴帽子的情况下穿裙子",并附上了四张类似于图 1.2 的图片。被试需要将每张图片贴上"相容的"（compatible）或"不相容的"（incompatible）标签。由于这些图片说明了信息的唯一可能组合，所以被试不需要从记忆中检索信息。参考这些图片有利于被试找出矛盾。[1]

图1.2　评价图片与陈述"我从不在不戴帽子的情况下穿裙子"是否相容

仔细观察图片中的人物，从左到右，它们依次表明：有帽子，有裙子；没有帽子，有裙子；有帽子，没裙子；没帽子，没裙子。这句话是这样说的，"我从不在不戴帽子的情况下穿裙子"，我们要判断这些图片是否与这句话相一致。由于这句话是关于"我"在穿裙子的时候会做什么或者不会做什么，所以我们能够判断出后两张图片与这句话是相容的，因为它们并非不一致。我们需要对前两张图片进行更详细的检查，因为穿裙子是由那句话直接决定的："我从不在不戴帽子的情况下穿

---

[1] 波利策的实际任务已经被修改，但没有改变基本组成部分。

裙子",这句话与第一张图片明显一致,而第二张图片则明显与这句话不一致。所以,正确的答案是,除了第二张图片与这句话不相容之外,其他图片与这句话都是相容的。

在这个实验中,被试不需要依靠记忆或想象。研究人员向被试展示了所有可能出现的情况的图片提示。在有可见图片的情况下,被试可以给那些与陈述相矛盾的图片贴上不相容的标签,除此之外的图片则是与陈述相容的。

自古以来,科学家们就试图建立普遍真理,在泰勒斯、毕达哥拉斯和欧几里得的影响下,普遍真理需要得到证明。古代的数学家和哲学家们以排中律和矛盾律为武器,随时准备提供证明(proof)。由此传承下来的是一套得到普遍认同的逻辑推理规则。亚里士多德和斯多葛学派为演绎推理提供了一个框架,其理论体系的基础一直延续至今,几乎没有很大的改变。

当希腊哲学家们试图建立关于人类和他们周围世界的普遍真理时,他们提出了一些定义以期在语言中找到共同点。亚里士多德定义了真命题与假命题,以及"所有"这样的词语。它们真的需要定义吗?亚里士多德认为,一个人要清晰地表达一套正确的思维体系,没有什么是理所当然的。我们将在下一章看到,亚里士多德的这一想法是对的。

第二章

所 有

> 你可以在一时蒙骗所有人,也可以在长时间蒙骗一些人,但不可能在长时间蒙骗所有人。
>
> ——亚伯拉罕·林肯

亚里士多德的逻辑学著作包括六篇:《范畴篇》(*Categories*)、《解释篇》(*On Interpretation*)、《前分析篇》[*Prior Analytics*,也称《论三段论》(*Concerning Syllogism*)]、《后分析篇》[*Posterior Analytics*,也称《论辩篇》(*Concerning Demonstration*)]、《论题篇》和《辩谬篇》(*On Sophistical Refutations*)。公元前 322 年,亚里士多德去世后,他的学生将这些著作汇编在一起,总称《工具论》(*Organon*)。

《解释篇》的标题反映了逻辑被认为是对思维的解释这一观念。[1] 在这一篇中,亚里士多德提出了处理命题的逻辑规则。命题是任何具有真假性质的陈述句。亚里士多德认为,祈祷

---

[1] 亚里士多德,《解释篇》,导言,哈罗德·珀西·库克英译(Cambridge, MA:Harvard University Press, 1938),第 7 页。

不属于命题范围。"过来！"和"你在哪里？"都不属于命题。"2+2=5"是一个命题，它是一个假命题。"苏格拉底是一个人"是一个命题，它是一个真命题。命题可以为真，也可以为假，排中律要求两个相互矛盾的命题不能同时为假，必有一真，矛盾律要求任一命题不能既为真又为假。[1] "所有龙卷风都是有破坏性的"，对这个命题而言，如果有的龙卷风没有破坏性，哪怕只有一次龙卷风没有破坏性，这就可能是一个假命题。"那场龙卷风是有破坏性的"，这个命题不是真的就是假的，但不可能既为真又为假。通过核实事实并就"破坏性"的定义达成一致，我们就能知道这个命题的真假。"有的龙卷风是有破坏性的"，作为一个命题而言，我们可能都会认为这是一个真命题，因为我们至少听说过一次带有破坏性的龙卷风。

量词（quantifier）可以用来表示命题。量词是指"每个"（every）、"所有"（all）、"有的"（some）、"没有"（none）、"许多"（many）和"很少"（few）等词。这些词允许对要指定的项目进行部分量化。像"有的""许多""很少"这样的词，可能只提供了一个模糊的量化，我们不知道它们所代表的具体数量，但是，像"所有"和"没有"这样的词则是非常具

---

[1] 其他逻辑系统可能允许命题有两个以上的真假值。

体的。

在英文中，"所有"和"每个"在逻辑上被称为肯定的全称量词（universal quantifiers）。它们表示某事物的总数。有时，"所有"隐含在命题中，例如"信誉良好的成员可以投票"。然而，如果我们想强调这一点，我们可以说，"法律平等地对待所有人"。"任何"这个词有时也被认为是一个全称量词。例如，"任何人能给出正当理由，说明为什么这个男人和这个女人不应该结婚……"。冠词"一个"（a）也可以用作全称量词，如"图书馆是可以借书的一个地方"意味着"所有图书馆都是借书的地方"。这类全称肯定命题被研究亚里士多德的拉丁评论家们称为"*deomni*"，意为"全部"。

事实证明，相较于"任何"和"一个"而言，"所有"作为一个全称量词更为明显。在1989年的一项研究中，戴维·奥布赖恩（David O'Brien）和他的同事们通过对二年级、四年级、八年级和成人的测试，对不同上下文中人们对全称"所有"的理解难度进行了评定。[1] 毫无例外，当使用不定

---

[1] 戴维·奥布赖恩等，《关于条件句的推理》（"Reasoning about conditional sentences: Development of understanding of cues to quantification"），《实验儿童心理学杂志》（*Journal of Experimental Child Psychology*），1989年，第48卷，第90—113页。

冠词"一个"时,即使用"如果一件事……"这种句式时,各个年龄组出错的概率最大。对于年龄较大的儿童和成人,当使用"任何"时,错误会减少。"如果有任何事情……",这种句式将普遍性明确地表述出来,人们误解的概率会明显降低。对于年龄最小的孩子,虽然他们出现的错误并没有降至零,但当"所有"将普遍性清楚地表述出来时,他们犯错的频率就大大降低了。

所有 S 都是 P

除了一个量词外,每个命题还包含一个主词(subject)和一个谓词(predicate)。例如,在全称肯定命题"所有男人都是人"中,"男人"是这个全称肯定命题的主词,"人"是谓词。因而,在逻辑学书中,全称肯定命题常常以"所有 S 都是 P"这种形式呈现在读者面前。

有一种类型的命题也被归类于全称肯定命题,比如,"苏格拉底是一个希腊人""我是一名教师"。虽然这种命题不是一个真正的带有"所有"的陈述句。从表面上看,这些命题似乎不是全称命题。这类命题被称为单称(singular 或 individual)命题,也被当作全称命题来处理。尽管这类命题只涉及单个个体，但它们被认为是一个只有单个个体的完整类。[1] 经典逻辑将这些命题解释为"所有与苏格拉底相同的人都是希腊人"或者"所有与我相同的人都是教师"。

反之亦然

举一个恰当的例子，很明显，"所有 S 都是 P"和"所有 P 都是 S"是不一样的。我们知道"所有母亲都是父母"是一个真命题，但"所有父母都是母亲"则不是。这种换位（conversion）是一种常见的错误。"所有 S 都是 P"和"所有 P 都是 S"这两个命题被称为逆命题（converse statements）。它们的含义不一样。有一个可能是真的，另一个则可能是假的。也有可能两者都为真或两者都为假。你可能将这种换位看作反之亦然（*vice versa*）。所有教职工都是大学里的职员，但反之则不然。所有狗都爱它们的主人，反之亦然，但是我们并不确定这两种说法是否正确。

根据巴比尔·英海尔德（Bärbel Inhelder）和让·皮亚杰（Jean Piaget）的研究，5—6 岁的孩子在使用量词方面会遇到

---

[1] 当然，如果苏格拉底从来不存在，或者如果我不存在，那么单元素类可以是空的。

困难,即使给他们提供的信息是图表或图画。在英海尔德和皮亚杰的实验中,他们设置了红色正方形筹码和蓝色圆形筹码,并增加了一些蓝色正方形筹码,孩子们在接受提问时可以看到这些图形。使用白色和灰色筹码来表示,这个实验涉及的图形如图 2.1 所示。孩子们被问到诸如"所有正方形都是白色的吗?"和"所有圆形都是灰色的吗?"这类问题。对年龄较小的孩子来说,更难回答的问题是"所有白色图形都是正方形吗?"。最年轻的被试中有一半的人认为,"所有正方形都是白色的"与"所有白色图形都是正方形"的意思相同。[1] 这种错误出现的原因可能是最小的孩子们的语言能力还尚未完善,也可能是他们暂时无法将注意力集中在相关信息上。

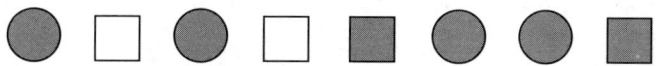

图 2.1 判断陈述的真与假:
"所有正方形都是白色的。所有白色图形都是正方形。"
"所有圆形都是灰色的。所有灰色图形都是圆形。"

---

[1] 参见:巴比尔·英海尔德,让·皮亚杰,《儿童逻辑的早期形式》(*The Early Growth of Logic in the Child*),E. A. 伦泽(E. A. Lunzer),D. 佩珀特(D. Papert)英译(New York:Harper & Row, Publishers,1964),第 64 页。

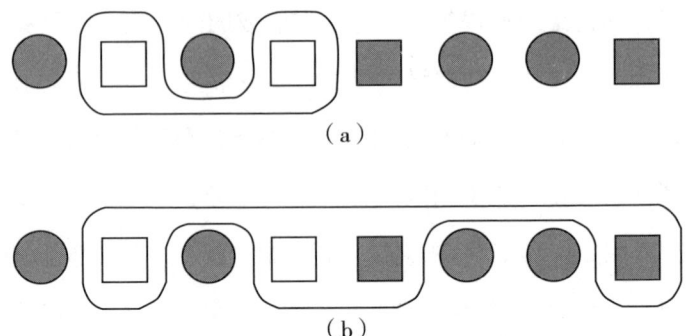

图 2.2 （a）"所有白色图形都是正方形的吗？"
与（b）"所有正方形都是白色的吗？"

为了正确回答这些问题，我们必须把注意力集中在有关信息上。

通过图 2.2，英海尔德和皮亚杰解释了年龄最小的孩子们在掌握包含关系的概念方面遇到的困难。也就是说，白色正方形包含在正方形这一类中，但是，反过来则不同。8—9 岁的孩子能够 100% 正确地回答出一些简单的问题，其中 10%～20% 在较难的问题上会出现换位错误。

理解包含关系的概念对于理解全称命题而言非常重要。如果"所有出租车都是黄色的"这句话为真，那么所有出租车都属于黄色汽车这一类。有时候，像图 2.3 这样的图能帮助我们理解命题，因此，我们经常将图示作为一种说明工具。

第二章 所有　　47

图 2.3 "所有出租车都是黄色的"图示

用图示来说明或解决逻辑问题通常被认为是瑞士杰出的数学家莱昂哈德·欧拉的发明。在 1761 年写给普鲁士国王腓特烈大帝（Frederick the Great）的侄女、安哈尔特－德绍公国公主（Princess of Anhalt-Dessau）的一系列信件中，欧拉使用了大量图表。1768 年，著名的《致德国公主的书信》出版，大受欢迎，并被翻译成七种语言，广为流传。[1]这些书信旨在为公主讲解力学、物理光学、天文学、声学和哲学，包括逻辑学的一些知识。1795 年，一位翻译家写道，那个时代有年轻女性希望接受科学和哲学方面的教育，这是多么罕见的事，18 世纪晚期，大多数年轻女性都只被鼓励去学刺绣之类的东西。[2]

欧拉在逻辑学方面的指导思想并不新颖，他的思想是对古典亚里士多德学派和斯多葛学派逻辑体系的概括。事实证明，

---

[1] 埃里克·坦普尔·贝尔，《数学大师：从芝诺到庞加莱》(1937)，第 152 页。
[2] 莱昂哈德·欧拉，《致德国公主的书信》，导言，亨利·亨特英译（1997）。

使用图表也不是他首创的。与被数学界称为欧拉圈（Euler's circles）的完全相同的图示，早已被德国的全才莱布尼茨所证明。莱布尼茨精通法律、哲学、宗教、历史和治国之道，在逻辑学和数学方面，比他同时代的人领先2个世纪。他的大部分逻辑学著作直到19世纪末或20世纪初才出版，但大约在1686年，也就是在著名的《致德国公主的书信》出版的100年前，莱布尼茨写了一篇论文，名为"用线形图检验形式逻辑"（"De Formae Logicae Comprobatione per Linearum Ductus"），其中就包含了被称为欧拉圈的图示。莱布尼茨著作中出现的图示和欧拉的图示是一样的，欧拉不可能没有看过这些图示。也许，这个想法是他的数学导师约翰·伯努利（Johann Bernoulli）向他提出来的。瑞士著名的数学家雅各布·伯努利（Jakob Bernoulli）和约翰·伯努利两兄弟是莱布尼茨的狂热追随者，他们将莱布尼茨的著作在整个欧洲进行传播。

虽然莱布尼茨在数学方面的能力是十分著名的，但欧拉也因可以将数学思想表达得非常清晰而著名。换句话说，他是一个优秀的老师。和任何一位好老师一样，欧拉在教学中会运用各种方法来指导学生。欧拉在数学界产生了重大的影响，以至他的标记方法经常被模仿。于是，欧拉有了在逻辑学中使用图表的想法。

莱布尼茨/欧拉圈表示了命题"每个 A 都是 B",就像我们在前面用图表示了"所有出租车都是黄色的"一样,A 类事物和 B 类事物都被表示为一个圆圈,A 圆圈在 B 圆圈里面。或许,读者们可能更熟悉文恩图,因为人们普遍认为文恩图是对莱布尼茨/欧拉圈的改进。[1]

英国逻辑学家、剑桥大学讲师约翰·文恩(John Venn,1834—1923)在 1880 年发表的一篇名为"论命题和推理的图示和机械表示"("On the Diagrammatic and Mechanical Representation of Propositions and Reasoning")的文章中首次公布了他的图示方法。如图 2.4 所示,文恩用两个重叠的圆圈表示了"所有出租车都是黄色的"这一命题,在黄色汽车圆圈外的出租车圆圈部分加上阴影,表示那里没有任何东西。阴影部分表示非黄色出租车这一类为空。

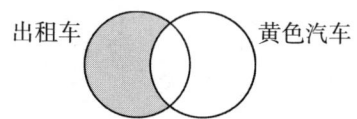

图 2.4 "所有出租车都是黄色的"文恩图

---

[1] 马丁·加德纳(Martin Gardner)称文恩图是一个巧妙的改进,见:马丁·加德纳,《逻辑机器与图形》(*Logic Machines and Diagrams*, 2nd ed., Chicago: University of Chicago Press, 1982)。

乍一看，文恩图并不像莱布尼茨／欧拉圈那样具有图示性，莱布尼茨／欧拉圈描绘了出租车这一类别包含在黄色汽车类别里。然而，我们之后将看到，文恩图具有灵活性的优点。许多哲学家和数学家设计了图示技术，将之作为分析逻辑命题的工具。美国科学家、逻辑学家查尔斯·桑德斯·皮尔士（Charles Sanders Peirce）发明了一种类似于文恩图的系统，用于分析更复杂的命题。刘易斯·卡罗尔也设计了一个类似文恩图的系统，但他使用的是重叠的矩形而不是圆圈，并使用"〇"来表示一个空单元格，如图 2.5 所示。皮尔士和卡罗尔都大力提倡通过诸如此类的图示来教授学生逻辑学。教育工作者应该一直在关注这个问题，因为现在的小学生从很小的时候就开始学习分类技能，他们使用的就是文恩图中重叠的圆圈。

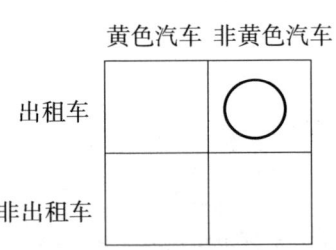

图 2.5　卡罗尔关于"所有出租车都是黄色的"图示

欧拉发现了这些图形作为教学工具的价值。他指出，逻辑学中的命题可以"用图来表示,以便在视觉上展示它们的本质。这对于我们更清楚地了解一个推理链的准确性所包含的内容有极大的帮助"[1]。欧拉在写给公主的信中这样谈道:

> 这些圆圈,或者更确切地说,这些空间,它们是什么形状并不重要,重要的是它们启发我们对这个问题进行思考,为我们揭示逻辑学所自诩的奥秘提供便利,在艺术层面则很难解释这些奥秘;但通过这些符号,一切都变得显而易见。[2]

有趣的是,欧拉在1761年提及过解释逻辑艺术的困难。这一事实应该会让各地的老师们感到些许欣慰。即便在今天,大学老师也经常在数学、哲学和计算机科学等课程中发现这些误解。虽然成年人用彩色筹码处理英海尔德和皮亚杰的问题时可能没有什么困难,但当信息以抽象的形式呈现出来且没有图像参照时,成年人也会从给定的陈述中得出错误的结论。然而,根据英海尔德和皮亚杰的说法,大约到高三年级的时候,我们大多数人已经发展到形式推理阶段,应当具备逻辑推理能力。

---

[1] 莱昂哈德·欧拉,《致德国公主的书信》,亨利·亨特英译(1997),CII,第452—453页。
[2] 同上,CIII,第454页。

熟悉度是帮助还是障碍？

不像英海尔德、皮亚杰的儿童逻辑推理实验和波利策的研究实验会在研究中提供一些图片信息，我们通常需要在没有直接证据的情况下进行推理。如果手头没有证据，我们就必须试着回忆起那些生疏而模糊的信息。有时，我们的记忆会为我们提供反例来预防错误推理，但同样，我们的记忆也常常使我们误入歧途。

推理规则规定了一个陈述如何从另一个陈述出发并引出逻辑结论，不管论证的内容是什么，这些规则都是相同的。逻辑推理应该在不考虑被推理陈述或材料的意义、真假的情况下进行。但是，如果所考虑的材料是模糊的或陌生的，推理往往会面临更大的困难。正如一位研究人员所说，"应用推理原则的难度随着推理内容意义的降低而增加。"[1] 材料越抽象、越陌生，我们就越难得出正确的推论。

在最早进行的一些考察推理内容或材料的研究中，M.

---

[1] 拉斯·C.詹森（Lars C. Jansson），《演绎推理的发展》（*The development of deductive reasoning: A review of the literature*），美国教育研究学会年会，1974年4月。

C. 威尔金斯（M. C. Wilkins）于 1928 年发现，在给出"所有大一新生都修历史 I"的前提下，只有 8% 的学生错误地认为这个命题的逆命题也是真的，即"所有修历史 I 的学生都是大一新生"。然而，20% 的学生同样接受了错误的结论，"有的修历史 I 的学生不是大一新生"。用严格的符号材料来表示，25% 的被试和 14% 的被试分别犯了"所有 P 都是 S"和"一些 P 不是 S"的错误。有人可能会猜测，在第一种情况下，学生拥有一些常识，已知"所有新生都修历史 I"，这个事实并不意味着只有新生才能修历史 I。事实上，他们自己可能也看到过非大一新生选修历史 I。所以，他们的结论是正确的，他们能够构建一个反例来防止错误的换位。然而，当他们继续沿着这种思路思考时，常识会促使他们得出一个可能正确的结论，但这个结论并不是基于正确的逻辑推理。"有的修历史 I 的学生不是新生"，这句话可能是真的，也可能不是真的，但从逻辑上来讲，这句话并不是从"所有新生都修历史 I"中得出来的。有趣的是，当使用抽象材料时，被试不能利用自己已有的关于这些材料的经验和知识，于是更多的人会犯第一种换位错误，而很少有人会犯第二种推理错误。我们可以从自己的记忆中找到无数个具体的换位错误的例子，例如，"所有女人都是人"并不等于"所有人都是女人"。

"所有号角手都有才华。"关于这个陈述,我的丈夫作为一个杰出的歌唱家能看出其中的问题。他不会接受"所有有才华的人都会吹号角"这种逆向说法。他不是号角手,但他依然才华横溢。这种手头证据使他避免了常见的谬误,因为他在接受错误结论时看到了反例或前后不一致。

清晰还是简洁?

似乎有两种不同的语言系统,一种是自然语言,另一种是逻辑语言。通常,我们所传达的信息是使我们的观点得到理解所需要的最少的量。

德保罗大学(De Paul University)的苏珊娜·埃普(Susanna Epp)博士举了这样一个例子。在课堂上,一位老师说:"所有在考试期间安静地坐着的人可以在考试结束后到外面玩。"[1] 也许这就是老师想要说的。如果是这样,那么老师的意思是,那些可以出去玩的人肯定包括那些安静地坐着的人,

---

[1] 苏珊娜·埃普,《数学教学中的量化语言》("The language of quantification in mathematics instruction"),出自:李·V. 斯蒂夫(Lee V. Stiff),弗朗西斯·R. 柯西奥(Frances R. Curcio)编,《在 K-12 年级发展数学推理》(Developing Mathematical Reasoning in Grades K-12, 1999 Yearbook, Reston VA: National Council of Teachers of Mathematics, 1999),第 191 页。

但也可能包括那些制造噪声的人。事实上，老师的陈述中根本没有提到那些制造噪声的学生。我怀疑学生会误解他的意思。

老师是故意欺骗学生吗？他希望学生误解他的意思吗？大多数学生相信，老师实际上是在表达相反的观点，即所有制造噪声的人都不能到外面玩。如果老师说的是"所有在考试期间不安静地坐着的人在考试结束后都不可以出去玩"，那么，老师的这个警告并没有说明保持安静的学生会有什么结果。老师的意思可能是："考试期间安静坐着的人，考试后都可以出去玩；不安静坐着的人，考试后不可以出去玩。"在日常生活中，人们常常使用简洁的语言来表述观点，我们必须从说话人的语言背景和我们自己的生活经历中理解说话人所说的意思。

由于逻辑学不考虑推理内容，且有严格的推理规则，我们可能会被迫认为一些荒谬的陈述为真，因为其形式是正确的。如果我没有法拉利，如何评价"所有我的法拉利都是红色的"这句话的真实性？我们可能会说，这句话既不是真的，也不是假的，或者这是无稽之谈。然而，逻辑中的排中律却要求命题要么为真，要么为假。一些逻辑学家忽略了上述这种命题。他们做了一个存在假设（existential assumption），即任何全称命题的主词都是存在的。另一些人则没有做假设，他们认为，不管"我的法拉利"这个类是否为空，莱布尼茨/欧拉圈和文恩图都可以很好地表示全称命题。不论天使或魔鬼是否存在，

"所有的天使都是善的"和"所有魔鬼都是恶的"这两个命题都可以被看作真命题。[1]

当然，情况也可能会变得更加复杂。我们只考虑了全称量词，只量化了命题的主词。在日常语言中，我们会把量词放在任何我们想放的地方。如果我们把"不"（not）放在"所有"前面呢？这个命题会发生彻底的改变，不仅使命题由肯定变为否定，而且命题的全称性也会发生变化。在逻辑规则形成的过程中，亚里士多德也意识到，否定（negation）会使推理变得更加困难。所以，他自然而然地提出了一些否定规则。下一章将对此进行探讨。

---

[1] 如果我没有法拉利，为什么我们更喜欢认为"所有我的法拉利都是红色的"这句话为真而非为假呢？如果我们宣称它为真，那么与它相矛盾的命题就应该为假。"所有我的法拉利都是红色的"矛盾命题是"有的我的法拉利不是红色的"，也就是说，有的我的法拉利是红色的。因为"没有任何法拉利"（不管红色还是其他颜色）这个矛盾命题令人放心地为假。如果矛盾命题为假，那么原先的命题一定为真！

第三章

"不"使一切变得更复杂

> "不"是另一个问题中的"是"。
>
> ——鲍勃·帕特森（Bob Patterson）

> 如果你的所有直觉都是错的，那么直觉的反面就必须是对的。
>
> ——杰里·赛因菲尔德（Jerry Seinfeld）

早在考察排中律和矛盾律时，我们就遇到了否定。亚里士多德提醒我们，同一事物不可能既是（is）又不是（is not），但他也认识到，我们可以同时建构一个肯定句和一个否定句，它们具有相同的意义。亚里士多德认为，有两种类型的命题被称为简单（simple）命题，即肯定命题和否定命题。所有其他命题都由这些简单命题联结而成。

"所有人都有缺点"是一个肯定命题，"没有人是完美的"是一个否定命题，但二者意思相同。"周二你缺席了"是肯定命题，"周二你不在场"是否定命题，这两者也传达了相同的信息。"4不是奇数"是一个真的否定命题,"4是偶数"是一个真的肯定命题,它们也是从不同的角度表达相同的意思。由于可以肯定事物的不存在,否定事物的存在,所以同样的事实既可以用肯定也可以用否定的方式来表达。

那么"所有"陈述中的否定是什么样子的呢?我们试着来否定一个简单的句子,比如"所有孩子都喜欢冰激凌"。它的否定可能是这样的:"不是所有孩子都喜欢冰激凌。"在很久以前,亚里士多德就提到过,否定被认为是矛盾的陈述,比如,"不是每个孩子都喜欢冰激凌"或者"有的孩子不喜欢冰激凌"。我们用被动语态对之进行否定,得出"冰激凌不被每个孩子所喜欢"或者"冰激凌不被有的孩子所喜欢"。所有这些否定的基本结构都是"不"(not)与"所有孩子都喜欢冰激凌"的组合。

"不"带来的麻烦

著名逻辑史学家涅尔夫妇威廉·涅尔(William Kneale)和玛莎·涅尔(Martha Kneale)指出,从公元前5世纪的巴门尼德(Parmenides)开始,希腊人在否定中发现了某种神秘的东西，也许会将其与谬误联系在一起。[1] 现代一些研究人员认为，否定不是"自然的"，因为知道某件事不是什么很难提供有效信息。然而，我们往往意识不到，理解事物的唯一方法是清楚地了解它不是什么。除了说奇数是一个不能被 2 整除的数之外，我们还能如何定义它呢？除了没有战争之外，还有什么可以表示和平呢？

关于否定推理的困难，另一个要点涉及情感因素。这种观点认为，"没有"（no）和"不"（not）等词语的禁止性质会使我们感到不舒服。一些心理学家认为，由于否定附带心理学上的问题，因而必然会增加推理的难度。[2]

认知心理学家彼得·C.沃森和菲利普·约翰逊－莱尔德针对我们如何推理这一问题写了好几本书和几十篇文章。他们指出，否定是推理中的一个基本概念，也是我们日常思维中的一个基本概念，任何已知的语言都有它的否定形式。[3] 否定应该是一种简单的、也许是最简单的演绎形式。然而，一个包含否定的简单推理至少需要两个步骤。如果我说"我不是鸟类学家"，这其中有两层含义需要理解。我们必须先了解

---

[1] 威廉·涅尔，玛莎·涅尔，《逻辑的发展》（1962），第 21 页。
[2] 彼得·C.沃森，菲利普·约翰逊－莱尔德，《推理心理学》（1972），第 40 页。
[3] 同上，第 9 页。

成为一名鸟类学家意味着什么，不成为一名鸟类学家又意味着什么。在我们的日常交流中，与否定推理相关的附加步骤很可能被忽视。

在他们的一项研究中，彼得·C.沃森和菲利普·约翰逊－莱尔德进行了一系列实验，重点研究否定式推理的困难。当被问到涉及肯定和否定的问题，被试判断否定句的真实性所用的时间比判断肯定句的虚假性要长，而且更容易出错，这清楚地表明，否定是一个更难理解的概念。[1]

否定可以是隐含的，也可以是明确的。有研究结果表明，在某些情况下，隐式否定（implicit negative）比显式否定（explicit negative）更容易得到正确处理。隐式否定通常使用一些除"不"之外的具有否定意义的词。如"缺席"而不是"不在场"，"拒绝"而不是"不接受"，"失败"而不是"不通过"等，这些词会比它们的显性否定形式更好处理。在有些情况下，隐式否定可能隐藏得非常好。有研究人员指出，我们很容易看出显式否定，例如，"数字不是 4"是对"数字是 4"的否定；但隐式否定很难看出来，如"数字是 9"也是对"数字是

---

[1] 彼得·C.沃森，菲利普·约翰逊－莱尔德，《推理心理学》（1972），第 9 页。

4"的否定。[1]

研究人员希拉·琼斯（Sheila Jones）测试了个人处理不同措辞指令的难易程度。这个实验一共包括三组措辞不同的指令，一组指令是肯定的，一组指令是显式否定，还有一组指令是隐式否定，三组指令含义相同。[2] 研究人员向被试展示了1—8这组数字，并给出了下列指令之一：

标出数字1、3、4、6、7。（肯定）

不要标出2、5、8，其余的数字都要标出来。（显式否定）

把除2、5、8之外的所有数字都标出来。（隐式否定）

这个测试的设置方式如图3.1所示。被试的速度和准确度是衡量这些指令难度的指标。尽管第一个指令列出的数字最多，但被试在执行第一个肯定指令时，速度快且很少出现遗漏

---

[1] 彼得·C.沃森，菲利普·约翰逊－莱尔德，《推理心理学》（1972），第26—27页；菲利普·约翰逊－莱尔德，鲁思·M. J.伯恩（Ruth M. J. Byrne），《条件句》（"Conditionals: A theory of meaning, pragmatics, and inference"），《心理学评论》，2002年，第109期，第646—678页。

[2] 彼得·C.沃森，菲利普·约翰逊－莱尔德，《推理心理学》（1972），第25—26页。

等错误。同时，被试执行第三个指令的速度比执行第二个指令明显更快，这意味着隐式否定比包含"不"的显式否定更容易理解。

1 2 3 4 5 6 7 8 标出 数字1、3、4、6、7。	1 2 3 4 5 6 7 8 不要标出2、5、8，其余的数字都要标出来。	1 2 3 4 5 6 7 8 把除2、5、8之外的所有数字都标出来。

图 3.1 测试肯定、显式否定和隐式否定的难度

然而，有些否定句没有与之对应的隐式否定形式，评估这类否定句的难度也就更大。"这件衣服不是红色的"比"7 不是偶数"更难处理，因为否定的"不是偶数"可以很容易地转换成肯定的"奇数"，但"不是红色的"就很难转换。而且"不是红色的"也很难形成思维图像。试图设想一些事情的难度不会干扰一个人用否定进行推理的能力。如果我说我不是开车来的，你会想到些什么？

在任何可能的情况下，我们把否定句转化为肯定句，这样可以更便捷地处理信息。要做这样的转化，首先要构建一个对比类（contrast class），比如，非红色的衣服类或非汽车的交通工具类。对比类的大小和构造对比类的难易程度会影响我们对

否定句进行推理的能力。[1]

彼得·C.沃森和菲利普·约翰逊－莱尔德认为，在日常语言中，否定通常是一种纠正先入为主观念的手段。虽然我的确不是鸟类学家，除非有人误认为我是鸟类学家，否则我不太可能声明自己不是鸟类学家。如果今天的课不无聊，"今天的课不无聊"这句话可能就不成立了。这句话通常是在课堂总是很无聊的情况下说的。这句话的作用在于指出一个反例以纠正听众的固有印象。

苏珊·凯瑞（Susan Carry）的一项实验表明，特殊情况下使用的否定句比普通情况下使用的否定句更容易理解。在她的实验中，每个人的面前呈现了一组圆形，圆形的编号为1到8。其中，七个圆形是相同的颜色，另一个圆形与这七个圆形的颜色不同，这个特殊颜色的圆形在其位置编号上也有所不同。据推测，大多数人会通过记住特殊圆形的位置来记住这组圆形的排列情况，因为这样要记得信息量最小。这个实验证明，根据

---

[1] 沃尔特·谢肯（Walter Schaeken），沃尔特·斯罗耶斯（Walter Schroyens），《显式否定的效应与条件三段论不同对比类的效应》（"The effect of explicit negatives and of different contrast classes on conditional syllogisms"），《英国心理学杂志》，2000年，第91卷，第533—550页；沃尔特·谢肯，沃尔特·斯罗耶斯等，《元命题推理中的错误与偏见》（"Error and bias in meta-propositional reasoning: A case of the mental model theory"），《思维与推理》（*Thinking and Reasoning*），2000年，第5卷，第29—65页。

一个例外的性质来排除例外情况比用例外的性质来排除大多数情况要更容易。[1]

此外，朱迪思·格林（Judith Greene）的一项研究结果表明，用于改变意义的否定比用于保留意义的否定更容易处理。被试需要判断两个抽象的句子是否具有相同或不同的含义。被试有一系列任务，有时要把意思相同的句子找出来，一个包含否定，另一个不包含否定，有时要把意思不同的句子进行配对，一个包含否定，另一个不包含否定。格林标记了一个自然地表示改变意义的否定词，而表示保留意义的否定词则被称为非自然的。例如，"x 超过 y"和"x 不超过 y"，我们很容易知道这两个句子意思不同，这里体现的是否定句的自然功能，而"x 超过 y"和"y 不超过 x"意思相同，但评估起来则更难。她的研究得出了这样一种观点，即我们更容易理解改变事先观念的否定句，而不是证实先前观念的否定句。[2]

---

[1] 彼得·C.沃森，菲利普·约翰逊－莱尔德，《推理心理学》（1972），第30—32页。
[2] 当有意义的材料被替换时——例如，"男性多于女性"和"女性不多于男性"——会得到相似的结果。见：彼得·C.沃森，菲利普·约翰逊－莱尔德，《推理心理学》（1972），第34—36页。

否定的范围

亚里士多德在他的著作中谈道,"所有人都是正义的"这一命题的否定是"不是所有人都是正义的",而不是"没有人是正义的"。"不是所有人都是正义的"这句话否定的范围是整个命题。而"没有人是正义的"这句话的否定范围仅仅是人。矛盾命题与反对命题的区别在于,矛盾命题是对整个命题的否定,因此两个具有矛盾关系的命题在其真值上总是相反的。其中一个为真,另一个则为假,反之亦然。

亚里士多德认为,"不是所有人都是正义的"这句话可以更自然地表达为"有的人是不正义的"。有几项研究证明,后面这种表达形式确实比前者更自然、通俗。否定的范围越小,就越容易理解。研究表明,正确地处理"事实并非……"和"这是错误的……"这类否定句比处理普通否定句用的时间更长。一个陈述所否定的范围越小,就越容易理解,比如"有的人不喜欢所有冰激凌的口味"比"并非所有人都喜欢所有冰激凌的口味"更容易理解。[1]

A 命题与 E 命题

中世纪的逻辑学学者发明了图式和符号，这成为亚里士多德命题分类的研究者们经常使用的术语。全称肯定命题"所有 S 都是 P"，简称为 A 命题。全称否定命题"所有 S 不是 P"，简称为 E 命题。A 命题和 E 命题之间为反对关系。因此，它们不能同时为真，只有一个为真，或者两个都为假。全称肯定命题"所有人在填写纳税表格时都是诚实的"，全称否定命题"没有人在填写纳税表格时是诚实的"，二者是反对关系。在这种情况下，两者都可能是错误的。

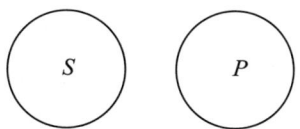

图 3.2 "所有 S 不是 P"的莱布尼茨 / 欧拉圈

---

[1] 彼得·C. 沃森，菲利普·约翰逊-莱尔德，《推理心理学》(1972)，第 164 页；马丁·D. S. 布雷恩（Martin D. S Braine），《推理的自然逻辑与标准逻辑之间的关系》("On the relation between the natural logic of reasoning and standard logic")，《心理学评论》，1978 年，第 85 卷，第 1—12 页。

用莱布尼茨/欧拉圈来表示全称否定命题"所有S不是P",如图 3.2 所示,呈现的是两个相互分离的空间,这表明概念S中没有任何东西属于概念P。

文恩图再次用重叠的圆圈来表示主词和谓词。事实上,所有文恩图都是使用重叠的圆圈,这是它最引人注目的特征之一。可以说,使用文恩的图示法,所有亚里士多德命题都可以用同一张图上的不同阴影来表示。同样,文恩图中的阴影部分为空——那里什么也不存在。因此,在表示"所有S不是P"时,用阴影表示S和P重叠的区域,表示那里什么也没有,如图 3.3 所示。

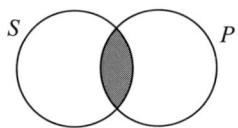

图 3.3 "所有S不是P"的文恩图

在前面,我们看到了逻辑上的一种转换错误,它通常出现在全称肯定命题中。这种错误认为,"所有S都是P"与"所有P都是S"含义相同。事实上,这两个命题通常一个为真,另一个为假。"所有斑马都是哺乳动物"并不意味着"所有哺乳动物都是斑马"。然而,对 E 命题进行转换就不是一种错误。

"没有鸡是哺乳动物"和"没有哺乳动物是鸡"都是正确的。事实上,任何时候"所有 S 不是 P"成立,"所有 P 不是 S"也成立。对照莱布尼茨/欧拉圈或文恩图,这一事实会更加清晰、明显。在莱布尼茨/欧拉圈中,空间 S 中没有东西在空间 P 中,空间 P 也没有东西在空间 S 中。在文恩图中,没有 S 在 P 中,也没有 P 在 S 中。我们想象一下,如果用莱布尼茨/欧拉圈和文恩图来表示"所有 P 不是 S",很明显,"所有 P 不是 S"的图示看起来与"所有 S 不是 P"完全相同,只是圆圈上的符号互换了。

当"否"表示"是"时,"含蓄的否定"与双重否定

威廉·萨菲尔(William Safire)在他的《纽约时报》专栏《论语言》(On Language)中讨论了一个有趣的法律术语,叫作"含蓄的否定"(negative pregnant),这个术语来源于 15 世纪的逻辑学者。[1]《牛津英语词典》将"含蓄的否定"解释为"带有肯定意味的否定"。如果问被告"你是在 11 月 4 号偷的车吗?",被告以"我并没有在 11 月 4 号偷车"做否定回答,

---

[1]《纽约时报杂志》(The New York Times Magazine),2002 年 3 月 10 日,第 20 页。

这有可能暗示了他的确在某一天偷了那辆车。在很小的时候，孩子们似乎就掌握了这种回避问题的方式。当被问道："你昨天吃了最后一块饼干吗？"我们可能会听到："我昨天没吃"或者"昨天？没有。"等。

从小学时我们第一次接触双重否定开始，它就吸引着我们。双重否定在我们前面讨论的矛盾证明中也出现过，即先假设我们要证明的结论的反面。如果我想证明命题 P，我先假设非 P。再严格地按照逻辑规则进行推理，我们会得出一个类似于 0=1 这样的矛盾。哪里出了问题呢？我们会发现，最初的假设一定是错的。于是，我的结论是，"非 P 是假的"或"不是非 P"或"非－非 P"。非－非 P 和 P 等价，早在公元前 2 世纪，斯多葛学派就已经认可了双重否定表示肯定的逻辑原则。[1]

选民们经常在投票选举中看到双重否定。这种"是"即"不是"和"不是"即"是"的措辞经常出现在废除某项禁令的提议中。对废除任期限制投赞成票，意味着你不赞成任期限制。对废除吸烟禁令投反对票意味着你赞成限制吸烟。对废除同性恋婚姻禁令投反对票意味着你赞成限制同性恋婚姻，但对废除攻击性武器禁令投赞成票意味着你不支持对攻击性武器的

---

[1] 威廉·涅尔，玛莎·涅尔，《逻辑的发展》（1962），第 147 页。

限制。我最近收到了一份投票,这份投票赞成管理我的退休基金的一些提议。这个投票问题如图 3.4 所示。如果你和那些想把钱投资在自己喜欢的事情上的人一样,那么对于下面这个提议,投"赞成"票就意味着你反对枪支管制,投"反对"票就意味着你赞成枪支管制。

提议:停止投资支持枪支管制的公司。

赞成　　　　反对　　　　弃权

图 3.4 "赞成"意味着反对的案例

研究表明,推理者很难对一个否定陈述再次进行否定。[1] 如果逻辑否定的过程还牵涉一些额外的心理步骤,双重否定可能会让人不知所措。类似"验孕出现假阴性的概率是 1%"或"非纽约人无须填写表格 203"或"统计测验表明你不能排斥无差异的前提"这种陈述,会让听众很头疼。

---

[1] 沃尔特·谢肯,沃尔特·斯罗耶斯,《显式否定的效应与条件三段论不同对比类的效应》,《英国心理学杂志》,2000 年,第 91 卷;沃尔特·谢肯,沃尔特·斯罗耶斯等,《元命题推理中的错误与偏见》,《思维与推理》,2000 年,第 5 卷。

正如我们前面提到的，像"不是所有人都诚实"这样的语句可以更自然地表述为"有的人不诚实"。当用"有的"来表述时，这个句子就不是全称命题。亚里士多德又定义了一些命题来处理"有的是，有的不是"的情况。它们真的需要定义吗？你可能会惊讶地发现，对不同的人而言，它们有不同的含义。让我们在下一章接着探讨这个问题吧。

第四章

"有的"是"所有"的一部分还是全部

> 如果每个男孩都喜欢某个女孩，每个女孩都喜欢某个男孩，那么每个男孩所喜欢的人也喜欢他吗？
>
> ——乔纳森·巴伦（Jonathan Baron），
>
> 《思维与决策》(*Thinking and Deciding*)

尽管全称肯定命题和全称否定命题十分有效，并且在数学、物理、医学等其他科学研究中产生了普遍规律，但还有很多命题不是全称命题。我们常常会涉及"大多数"（most）和"有的"这样的量词。在亚里士多德的逻辑体系中，非全称命题有着重要的地位。

通常，如果我说"这场讲座的有的部分很有趣"，我可能在暗示讲座的某些部分不够有趣。如果整场讲座都是有趣的，你肯定觉得我不会说这个讲座有一部分是有趣的。然而，"你们中的有的人会因为生病而错过一天的工作"这句话并没有否定你们所有人都可能在某个时候错过一天的工作的可能性。在日常语言中,"有的"的意思通常是"有些但不是全部",但在有的情况下,它的意思可能是"有些或可能全部"。

"有的"意味着存在

"所有"和"没有"(none)都是全称量词,但还有一种量词被称为存在量词,因为当我们使用"有的"时,我们准备说某些特殊的事物符合这种描述。"有的"命题在类型上是特称命题而不是全称命题。

就像关于"所有"和"没有"的全称肯定命题和全称否定命题一样,亚里士多德定义并考察了关于"有的"的特称肯定命题和特称否定命题。虽然全称肯定命题"所有人都诚实"和全称否定命题"没有人诚实"不能同时为真,但特称肯定命题和特称否定命题可以同时为真。例如,"有的人是诚实的"和"有的人是不诚实的"这两个命题都有可能是正确的。中世纪学者将"有的 S 是 P"形式的特称肯定命题简称为 I 命题,将"有的 S 不是 P"形式的特称否定命题简称为 O 命题。

当全称肯定命题和全称否定命题分别被命名为 A 和 E 时,逻辑学研究者们会用一些技巧记住这些特殊标签。A 命题和 I 命题是肯定命题,来自拉丁语"*AffIrmo*",意思是"我肯定"。

E 命题和 O 命题是否定命题,来自拉丁语 "*nEgO*",意思是 "我否定"。[1] "ARISTOTLE" 中的两个外元音 A 和 E 表示全称命题,内元音 I 和 O 表示存在命题或特称命题。中世纪的学者们还设计了一个表达对当关系的图,即图 4.1,用来说明命题之间的反对或矛盾关系。[2] 如图所示,I 和 O 是反对关系,A 和 E 也是反对关系,例如,"你们中的一些人在制造噪声","但是我们中的一些人没有制造噪声"。图中的对角线表示矛盾关系,即 A 与 O,E 与 I 之间为矛盾关系。

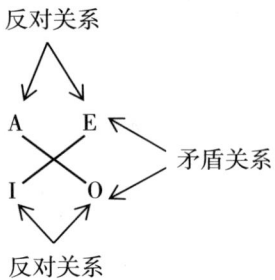

图 4.1 对当关系图

---

[1] 鲁迪·拉克,《思维工具》(1987);拉塞尔·雷夫利斯(Russell Revlis),《三段论推理:从复杂数据做出逻辑决策》("Syllogistic reasoning: Logical decisions from a complex database"),出自:雷切尔·J. 法尔马根编,《推理:儿童和成人中的表达与过程》(1975)。

[2] 这是 W. D. 罗斯所用的阐释,参见:W. D. 罗斯编译,《牛津亚里士多德学生手册》(1942)。

第四章 "有的"是"所有"的一部分还是全部

约翰·文恩使用重叠的圆圈来表示所有类型的命题,但莱布尼茨和欧拉则只用重叠的圆圈表示特定的命题。为了说明"有的 S 是 P",莱布尼茨/欧拉圈要求将 S 标在 P 和 S 重叠的那一部分,而在文恩图中,是用星号来表示 S 中是 P 的部分,如图 4.2 所示。[1]

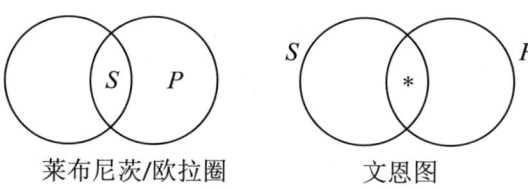

莱布尼茨/欧拉圈　　　文恩图

图 4.2　"有的 S 是 P"的两种表示方式

如果原命题是"有的 P 是 S",那么相应的莱布尼茨/欧拉圈会和原来有所不同,就应该将 P 标在重叠区域。逻辑学家们明白,在逻辑学中,"有的 S 是 P"和"有的 P 是 S"是等价的。同样,"所有 S 不是 P"和"所有 P 不是 S"也是等价的,"有的 S 是 P"和"有的 P 是 S"因其真值(truth values)相同而可以互换。如果"有的女性是律师"是正确的,那么"有的律师是女性"也是正确的。文恩图很好地说明了这种关系。在文恩图中,星号纯粹表示有的事物既属于 S 又属于 P,就好比

---

[1] 欧拉还用一个星号将几个命题组合在一起。

有的人既是女性又是律师。

然而,在我们的日常生活中,我们并没有交替使用这些语句。在谈论女性的职业时,我们可能会听到"有的女性是律师"的说法。而"有的律师是女性"的说法则更可能在讨论律师职业男女比例时出现。尽管这些语句在不同的情境下出现,但逻辑规则向我们保证,当其中一个为真时,另一个也为真,当其中一个为假时,另一个也为假。

有时,"有的"语句十分独特,如"有的女性是母亲"和"有的母亲是女性"这样的语句。第一种说法是正确的,因为不是所有女性都是母亲。第二种说法也是正确的,因为对人类而言,肯定有一些母亲是女性。我们必须记住的是,从逻辑上讲,任何"有的"语句都意味着"一些",但也可能意味着"所有"。

例如,我们通常不会说"有的贵宾犬是狗",因为我们知道所有贵宾犬都是狗。在正常的谈话过程中,说话者会尽可能地把话说清楚。在可以用全称命题表述的情况下,我们通常就用全称命题。[1]但是,当我们不确定是不是所有老师都有教师资格证的时候,我们可能会说"有的老师有教师资格证"。乔纳森·巴伦在《思维与决策》一书中举了这样一个例子:当我们

---

[1] 拉塞尔·雷夫利斯,《三段论推理:从复杂数据做出逻辑决策》,出自:雷切尔·J. 法尔马根编,《推理:儿童和成人中的表达与过程》(1975),第 107 页。

在一个新的城市旅行时，我们可能会注意到出租车是黄色的。的确，"有的出租车是黄色的"，在我们没有确定答案之前，我们不会说所有出租车都是黄色的。[1]

"有的"表示"是"，"有的"表示"不是"

O 命题，即特称否定命题，也可以由两个重叠的圆圈表示，如图 4.3 所示。在这个问题上，文恩图比莱布尼茨／欧拉圈更有优越性，莱布尼茨／欧拉圈存在一些严重的问题，因为"有的 S 不是 P"和"有的 P 不是 S"不能互换。"有的狗不是贵宾犬"是正确的，但这并不意味着"有的贵宾犬不是狗"是正确的。显然，"有的贵宾犬不是狗"是错误的。

彼得·C.沃森和菲利普·约翰逊-莱尔德的研究表明，有些人错误地从"一些 X 不是 Y"中推出"一些 X 是 Y"的结论，他们认为，这就像同一枚硬币的两面，就像杯子盛了一半的水，另一半为空一样。在逻辑上，存在量词"有的"的意思是至少一个，但也可能是全部。如果所有 X 都不是 Y，那么"有的 X 是 Y"就不可能成立。他们的研究表明，一个人能否

---

[1] 乔纳森·巴伦，《思维与决策》(New York：Cambridge University Press, 1988)，第 137 页。

给出这种解释主要取决于材料本身。尽管被试需要用他们的逻辑方式解释"有的"问题，但大多数人只能依靠莱布尼茨/欧拉圈和文恩图。例如，"有的野兽是动物"可以被解释为"有的也可能所有野兽都是动物"，但我们不能将"有的书是小说"解释为"有的也可能所有书都是小说"。

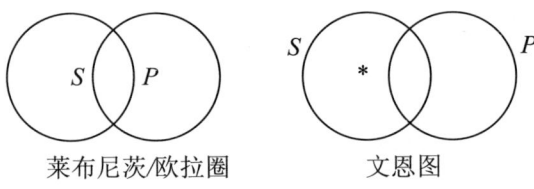

图 4.3 "有的 S 不是 P"的两种表示方式

这是否意味着我们是理性的呢？计算机无法像人类那样理解"有的"命题的上下文。在这些实验中，被试正在解读所给出的命题，尽管他们并不是真的应该这么做。人类有一种独特的能力，有时能解释另一个人想表达的意思。但是，如果解释错了，这种错误的倾向就会给我们带来很多麻烦。

在日常语言中，"有的"可以表示"某一特定的事物"或"某类事物中的某些事物或其他事物"，根据不同的用法，"有的"有着不同的含义。将"某种冰激凌口味被所有学生喜爱"和"每个学生都喜欢某种口味的冰激凌"进行比较。第一个陈述表明存在一种被所有人喜欢的特殊口味的冰激凌，而第二个陈述表明每个学生都有他最喜欢的冰激凌口味。[1]

我们来看下面的例子。这是我们从美国教育考试服务中心教师认证考试中选取的一个题目，旨在向未来的教师介绍，美国的许多州要求想要获得小学教师资格的老师通过常识考试。这个问题包含了我们迄今为止看到的很多概念的例子。例如，给出的句子是"x 的有的值小于 100"，考生需要判断哪个答案与这个句子不一致。所给出的句子是一个"有的"命题，该命题在否定的干扰下援引了一致性的概念。

已知：x 的有的值小于 100，下列哪个选项与上面的句子不一致？

A. 5 不是 x 的值

B. 95 是 x 的值

C. x 的有的值大于 100

D. x 的所有值都小于 100

E. 没有小于 100 的数是 x 的值

[来源：《新手教师普瑞克西斯考试系列专业评估》(1992)，经美

---

[1] 彼得·C.沃森，菲利普·约翰逊-莱尔德，《推理心理学》(1972)，第 163 页。

国教育考试服务中心授权使用。]

第一个选项"5 不是 x 的值"与题目并不矛盾，因为 x 可能有其他小于 100 的值。第二个选项规定"95 是 x 的值"。的确，95 可以是 x 的值，因为 x 的有的值小于 100。第三个选项"x 的有的值大于 100"可能是正确的，这与"x 的有的值小于 100"的事实并不矛盾。许多人可能认为答案 D 与题目相矛盾，但如果他们知道"有的"的意思是"一些且可能是所有"时，他们就不会选错。剩下选项 E，它直接与已知条件相矛盾。如果"x 的有的值小于 100"，那么"没有小于 100 的数是 x 的值"就不可能成立。

A，E，I 与 O

A，E，I 与 O，这四种命题是亚里士多德逻辑学的基础。他认为，这四种命题是形成逻辑论证规则的必要条件。但亚里士多德忽视了含有多个量词的命题，比如，"每个评论家都喜欢她的一些电影"和"一些评论家喜欢她的所有电影"。如果我们在否定的同时引入多个量词，情况就会变得更加复杂。尝试看看以下命题：

第四章 "有的"是"所有"的一部分还是全部　　83

不是所有家庭成员都喜欢她的所有食谱。

有的家庭成员并不喜欢她的所有食谱。

有的家庭成员不喜欢她的一些食谱。

并非所有家庭成员都喜欢她的所有食谱。

通过恰当地分配量词和否定词，可以用许多不同的方式表达同一个事实。虽然这些说法的意思相同，但有些容易理解，有些则很难理解。[1]

1846年，爱丁堡大学教授威廉·汉密尔顿爵士（Sir William Hamilton）试图通过谓词的量化来改进亚里士多德的四种命题。[2] 在《逻辑形式新分析》（*New Analytic of Logical*

---

[1] 菲利普·约翰逊－莱尔德，《演绎模式》（"Models of deduction"），出自：雷切尔·J. 法尔马根编，《推理：儿童和成人中的表达与过程》（1975），第37页；彼得·C. 沃森，菲利普·约翰逊－莱尔德，《推理心理学》（1972），第164页。他们报告说，克拉克（Clark）的假设是，否定的范围越小，陈述就越容易理解，参见：H. H. 克拉克（H. H. Clark）《演绎推理中的语言过程》（"Linguistic processes in deductive reasoning"），出自：菲利普·约翰逊－莱尔德，彼得·C. 沃森，《思维：认知科学读本》（1977）。

[2] 查尔斯·斯坦霍普伯爵（Earl Charles Stanhope，1753—1816）实际上在谓词的量化方面领先于汉密尔顿，但他的研究直到1879年才发表，也就是在他死后63年。参见：罗伯特·哈利（Robert Harley），《斯坦霍普演示器》（"The Stanhope Demonstrator"），《心灵》（*Mind*）杂志，1879年，第4卷，第192—210页。

Forms）中，他区分了八种不同的形式，将"有的"定义为"一些且仅是一些"：

1. 所有 *A* 是所有 *B*。
2. 所有 *A* 是一些 *B*。
3. 一些 *A* 是所有 *B*。
4. 一些 *A* 是一些 *B*。
5. 任何 *A* 不是任何 *B*。
6. 任何 *A* 不是一些 *B*。
7. 一些 *A* 不是任何 *B*。
8. 一些 *A* 不是一些 *B*。[1]

汉密尔顿的逻辑体系看起来比亚里士多德的体系更完整，实则存在许多困难。他的研究引发了一场与英国数学家奥古斯都·德·摩根（Augustus De Morgan）的著名论战。德·摩根对汉密尔顿定义的"有的"有不同的看法。"有的"是指"最多一些"还是"最少一些"还是"一些但不是其余的"？德·摩根坚持认为，"有的"概念含混不清，应该继续进行探

---

[1] 威廉·涅尔，玛莎·涅尔，《逻辑的发展》（1962），第 350 页。

讨。"在这里，'有的'所表示的数量是模糊的，它不是指一个，但至少有一个，或者有更多，也可能指所有。在日常生活中，'有的'常常表示既不是没有也不是所有；在逻辑上，'有的'仅仅表示不是没有的意思吗？"[1] 美国逻辑学家皮尔士同意德·摩根的观点，他说，"有的"应该只表示"多于没有"。[2]

汉密尔顿无法真正改进亚里士多德的体系，它的简明性使它在两千多年的时间里基本保持不变。亚里士多德的逻辑体系中只有 A，E，I，O 四种类型的命题，亚里士多德描述了一种逻辑论证的结构，通过这种结构可以得出有效的结论。他的论证被称为三段论（syllogism）。三段论结构不仅能得出有效的结论，而且我们将在第五章看到，该结构还可以检测出导致结论无效的修辞。

---

[1] 奥古斯都·德·摩根，《论三段论与其他逻辑著作》(On the Syllogism and Other Logical Writings)，彼得·希思 (Peter Heath) 编 (New Haven：Yale University Press, 1966)，第 155 页。

[2] 查尔斯·桑德斯·皮尔士，《论文集》(Collected Papers. Volume 3: Exact Logic; Volume 4: The Simplest Mathematics)，查尔斯·哈茨霍恩 (Charles Hartshorne)，保罗·韦斯 (Paul Weiss) 编 (Cambridge, MA：Harvard University Press, 1933)，第 3 卷，第 481 页。皮尔士说，既然"不是没有"(not none) 的意思是"有的"(some)，那么"有的-有的"(some-some) 的意思应该是"任何"(any)。

第五章

三段论

> 对于一个完整的逻辑论证，我们需要两个"欠题"（prim Misses）——然后它们产生——一个"介论"（delusion）。但这样的论证整个该叫什么？
>
> 一个"傻段论"（Sillygism）。
>
> ——刘易斯·卡罗尔，《西尔维和布鲁诺》

随着希腊启蒙时期的到来和民主主义的兴起，每一个希腊公民都是潜在的政治家。早在公元前 440 年，诡辩论者已经成为专业的老师，为立志从政者提供必要的政治生活方面的指导。诡辩论者热衷于知识的雄辩而非真理，有人说他们只对知识的无政府状态感兴趣。[1] 柏拉图和他最著名的学生亚里士多德担心人们被诡辩论者的说辞所迷惑，诡辩论者正是以含混不

---

[1] 塞克斯都·恩披里克（Sextus Empiricus），《著作集》（*Volume I: Outlines of Pyrrohonism; Volume II: Against the Logicians; Volume III: Against the Physicists and Against the Ethicists; Volume IV: Against the Professors*），R. C. 伯里（R. C. Bury）英译（Cambridge, MA：Harvard University Press，1933），第 xv 页。

清的语言和修辞技巧来迷惑广大听众。为了揭露诡辩论者的错误，亚里士多德在他的论著《前分析篇》中提出了逻辑论证的学说。很多人说这些推理法则是亚里士多德最新颖、最伟大的成就。[1]

在《前分析篇》中，亚里士多德探讨了几种可以将多个命题联系起来产生一个新命题的方法。前两个命题又称作前提，被认为是真命题，第三个命题由前两个命题推导而出，被称为结论，三个命题形成一个三行论证，被称为三段论。亚里士多德认为，三段论是一种论述，其中有些事情即前提是确定的，结论就是从它们之中推导出来的。[2]换句话说，三段论只接受那些从规定前提中推导出来的结论。

在一个三段论中，每个命题都属于亚里士多德四种命题类型中的一种，这四种类型分别为 A，E，I，O。前两行中的命题是前提，第三行是结论。如果三段论是有效的，你接受前提为真，那么你必须接受结论为真。欧拉在《致德国公主的书信》中提到了三段论的形式，他说，"这些形式的优势在于，直接说明了，在我们的推理中，如果前提都是真的，那么结论

---

[1] 亚里士多德，《前分析篇》，休·特里德尼克英译（Cambridge，MA：Harvard University Press，1938）。
[2] 同上，第1.1卷，第24b18页。

也必然为真"[1]。看看下面这个三段论：

所有贵宾犬都是狗。
所有狗都是动物。
所以，所有贵宾犬都是动物。

以上三个命题构成了一个有效的论证，尽管这是一个简单而明显的论证。因为结论是必然地从两个真前提中推出来的，所以结论也是真的。

随着时间的推移，三段论根据它们的式（mood）被分为不同类别。由于这三个命题可以是四种类型 A，E，I，O 中的一种，所以三段论的式一共有 4×4×4 即 64 种。在第一格 AAA 式的三段论中，包含两个全称肯定的前提和一个全称肯定的结论，三个命题的类型都是 A 类型，因而被命名为 AAA 式。贵宾犬/狗/动物这个三段论例子就属于 AAA 式。

三段论还按它们的格（figure）加以分类。三段论的格与中项在前提中的位置有关。例如，在"所有狗都是贵宾犬"和"所有贵宾犬都是狗"这两个命题中，狗和贵宾犬所在的位置

---

[1] 莱昂哈德·欧拉，《致德国公主的书信》，亨利·亨特英译（1997），CIV，第 464—465 页。

是不同的。在每一个格中，结论的项被指定为主项和谓项。如果结论是"所有____都是____"的形式，那么"所有"后面的项被称为主项，记为 S，"都是"后面的项被称为谓项，记为 P。[1] AAA 式三段论的结论读起来就是"所有 S 都是 P"。其中，一个前提包含 S，另一个前提则包含 P，两个前提包含的共同项叫作中项，记为 M。[2] 三段论根据格来分类，也就是根据 S, P, M 在两个前提中的不同顺序来分类。亚里士多德分辨出三个格，公元 2 世纪著名的医生盖伦（Galen）增添了第四个格，并将其作为一个单独的类型来考虑。[3] 这些格如表 5.1 所示。

表 5.1 按格分类的三段论

	第一格	第二格	第三格	第四格
大前提	$M-P$	$P-M$	$M-P$	$P-M$
小前提	$S-M$	$S-M$	$M-S$	$M-S$
结论	$S-P$	$S-P$	$S-P$	$S-P$

---

[1] 谓项也被称为"属性"（attribute）。
[2] 结论的主项被称为小项（minor term），结论的谓项被称为大项（major term）。包含大项的前提被称为大前提（每个格中的第一个前提），包含小项的前提被称为小前提（第二个前提）。但是，没有必要知道所有这些来得到这个想法。
[3] 亚里士多德最初将他的三段论划分为三个格，依据的是与其他项相比，中项是涉及它的类的全部还是部分。后来，逻辑学家根据中项的位置对三段论进行分类，增加了第四格。参见：马丁·加德纳，《逻辑机器与图形》(1982)，第 33 页。

我们可以在不受影响的情况下交换第一个前提和第二个前提的顺序，我们在表 5.1 中看到的只是逻辑学家采用的传统顺序，这种顺序经过几个世纪而流传下来。事实上，心理学家已经发现，第一个和第二个前提的顺序会影响我们在三段论推理中的表现。有人甚至会说，把 S 放在第一个前提中似乎更自然。

在《前分析篇》中，亚里士多德根据三段论的格和式，第一次对形式逻辑进行系统论述，以此作为对有效论证的分析。历史学家注意到，在这部著作中，亚里士多德似乎是第一个把变量当作项的人。这个想法可能是通过在几何学中使用字母来命名线条而提出的；一般情况下，这种想法是合理的，但并不一定适用于特例。涅尔夫妇坚持认为，这是一个划时代的设计，第一次在没有任何解释的情况下使用，这似乎是亚里士多德的发明。[1] 古希腊人习惯用希腊字母来表示数字，他们从未像我们在代数中那样把字母作为数值变量，这一点也不奇怪。

亚里士多德认为，只有第一格的三段论是完美的或完整的。他讨论的第一个三段论是第一格中的 AAA 式。第一格中的 AAA 式来源于中世纪的拉丁语 "*Barbara*"，意思是"外国

---

[1] 威廉·涅尔，玛莎·涅尔，《逻辑的发展》(1962)。

人"或"野蛮人",这个单词的元音提示人们这是 AAA 式。事实上,亚里士多德定义的 14 个有效的三段论,以及中世纪逻辑学家们补充的 5 个三段论,每个都有辅助记忆的拉丁名称,以归约记忆它们的任务。当亚里士多德解释他第一个有效的三段论 AAA 式三段论时,他用希腊字母概括了三段论,为了方便起见,我们将之翻译为:

所有 B 都是 A。
所有 C 都是 B。
所以,所有 C 都是 A。

亚里士多德喜欢这样排列两个前提的顺序,这让现代人感到有点惊讶。因为,第一格 AAA 三段论似乎可以更自然地表达为:所有 C 都是 B;所有 B 都是 A;所以,所有 C 都是 A。或者更好的是,我们可以按照字母的顺序来保持这个论证的传递性美感:所有 A 都是 B;所有 B 都是 C;所以,所有 A 都是 C。但我们从亚里士多德那里继承下来的是:所有 B 都是 A;所有 C 都是 B;所以,所有 C 都是 A。这可能是因为希腊语的用词不容易被翻译成英语中的主动语态。在希腊语中,谓词出现在句首,主词出现在句尾。《牛津亚里士多德学生手册》

将亚里士多德的三段论翻译为："如果 A 属于 B 所属的一切，B 属于 C 所属的一切，那么 A 就一定属于 C 所属的一切。"[1] 虽然这样的措辞似乎有些复杂，但可以清晰地将三段论富有的传递性的美展现出来。

第一个格还有其他三种有效的三段论式——EAE，AII 和 EIO。它们的式的名称分别为"Celarent""Darii"和"Ferio"。我们可以将这三种三段论表述为：

没有 B 是 A。
所有 C 都是 B。
所以，没有 C 是 A。

所有 B 都是 A。
有的 C 是 B。
所以，有的 C 是 A。

没有 B 是 A。
有的 C 是 B。

---

[1] 亚里士多德，《前分析篇》，休·特里德尼克英译（1938），第 II. 2 卷，第 53b20 页。

所以，有的 C 不是 A。

注意，第一格中的这四个三段论得出了四种类型的结论，即 A，E，I 和 O。[1]

三段论有 64 式，在第一格中，64 式里面只有 4 种是有效的。表 5.2 给出了那些有效三段论的例子，它们这种的形式不能从真前提引出假结论。[2] 在每一种情况下，如果我们接受这两个前提为真，那么这个三段论的结论也必然为真。因为每一格有 64 式，所以有 4×64 即 256 种可能的三段论。认知心理学家认为，由于两个前提的顺序可以颠倒，所以实际上有 512 种可能的三段论。[3] 其中，只有少数是有效的，只有这些有效的三段论演示了正确的推理过程。

在亚里士多德关于三段论的早期著作中，他已经演示了如何将一些命题归约（reduced）为其他命题。[4] "没有快乐是好的

---

[1] 这是唯一能得出所有四种类型结论的格。第二格的有效式都有否定结论，第三格的有效式都有特称结论。
[2] 威拉德·冯·奥曼·蒯因（Willard Van Orman Quine），《逻辑方法》(*Methods of Logic*, New York: Holt, Rinehart and Winston, 1959)，第 74 页。
[3] 菲利普·约翰逊-莱尔德，彼得·C.沃森，《对一个推理任务的理论分析》出自：《思维：认知科学读本》(1977)，第 86 页。
[4] 亚里士多德，《前分析篇》，休·特里德尼克英译（1938），第 I.2 卷，第 25a5 页。

表 5.2　第一格中的有效三段论

AAA（Barbara）	所有鸟都是动物。 所有金丝雀都是鸟。 所以，所有金丝雀都是动物。
EAE（Celarent）	没有豆类是动物。 所有鹰嘴豆都是豆类。 所以，没有鹰嘴豆是动物。
AII（Darii）	所有传记作者都是作家。 有的管理者是传记作者。 所以，有的管理者是作家。
EIO（Ferio）	没有碱是酸。 有的化学物质是碱性的。 所以，有的化学物质不是酸性的。

东西"（No pleasure is good）可以归约为"没有好的东西是快乐的"（No good thing is pleasurable）。"有的快乐是好的东西"（Some pleasure is good）可以归约为"有的好的东西是快乐的"（Some good is pleasurable）。[1] 然而，有些命题是不能被归约的。例如，O 命题"有的动物不是人"不能被归约。在给出这些具体的归约示例之后，亚里士多德介绍了一般的归约规则。然后，他开始证明哪些三段论是有效的，哪些是无效的，使有效

---

[1] 亚里士多德还认为，"每一个好的东西都是快乐的"可以被翻译成"有的快乐的东西是好的"，为"每一个"陈述赋予了存在预设。直到后来，逻辑学家才认为考虑空集的可能性很重要。

三段论的数量不断减少。通过归约，亚里士多德能够将大多数有效的三段论转化为第一格的三段论，其余的三段论则用矛盾律对之进行证明。

从 9 世纪到 16 世纪中叶，随着英国大学体系的发展，逻辑学或辩证法（dialectic）成为七大学科之一。到 10 世纪下半叶，逻辑学成为剑桥大学和牛津大学的重要课程之一。如我们所见，学者们设计了详细的方法，从 256 个可能的三段论中对有效的三段论进行分类。助记诗可以帮助学生记住所有有效三段论的格和式。历史学家涅尔夫妇说，著名的助记诗最早出现在 13 世纪上半叶的《逻辑导论》(*Introductiones in Logicam*)中，这是英国人史瑞兹伍德的威廉（William of Shyreswood）的作品。[1]

    Barbara celarent darii ferio baralipton

    Celantes dabitis fapesmo frisesomorum；

    Cesare camestres festino baroco；darapti

---

[1] 威廉·涅尔，玛莎·涅尔，《逻辑的发展》(1962)，第 231—232 页；鲁迪·拉克，《思维工具》(1987)，第 205 页。

> Felapton disamis datisi bocardo ferison.[1]

拉丁文诗句中的每个单词都是一个公式，其中前三个元音表示有效三段论的式。辅音表示归约的规则。第一个辅音表示第一格中被归约的三段论的式的名称，其他辅音表示实现归约的步骤。

逻辑学家还提出了许多其他冗长的规则来判断三段论的有效性，比如，每一个有效的三段论都有一个全称前提。每一个有效的三段论都有一个肯定前提。若前提有一特称判断，则结论必为特称判断。若前提有一否定判断，则结论必为否定判断。甚至无效的三段论也有相应的规则：两个否定前提不能必

---

[1] 这些都是亚里士多德前三个格的 14 个有效式（由分号分隔开）。第一个包含 6 个额外的式名称，即休·特里德尼克（亚里士多德著作译者）所说的间接式的、涅尔夫妇（《逻辑的发展》，1962）所说的次级式。休·特里德尼克为第四格给出了助记忆的式名称：Bramantip，Camenes，Dimaris（或 Dimatis），Fesapo 和 Fresison。为了建立每格 6 个有效式的漂亮平衡，后来又增加了 5 个额外的允许存在预设（不允许论域为空集）的式。它们是 1：AAI（Barbari），1：EAO（Celaront），2：AEO（Camestros），2：EAO（Cesaro）和 4：AEO。假设了类的属于关系（存在预设）之后，256 个组合中有 24 个是有效的。如果我们取类可空这一狭义观点，那么只有 15 个式是有效的。如果我们仍取狭义观点，即任何 E 命题和 I 命题的主项和谓项互换后是重复的，那么有效的三段论甚至更少。

第五章 三段论

然得出结论,两个特称前提不能必然得出结论。[1] 正如逻辑学家威拉德·冯·奥曼·蒯因(Willard Van Orman Quine)所指出的那样,如果那些学者和学生接触到文恩图,那么这些记忆技巧就没有必要了。

莱布尼茨和欧拉都是使用圆圈来说明每一个有效三段论背后的逻辑的。此外,莱布尼茨还用他发明的另一种作图方法演示了每一个有效的三段论,这种方法类似于图5.1。[2]

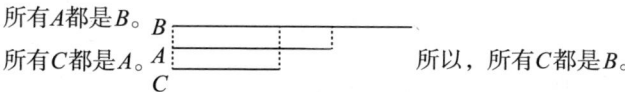

图 5.1 莱布尼茨用线条表示的 AAA 式三段论

运用图示法,我们可以对三段论进行分析,从而判断哪些三段论是有效的,哪些不是。甚至没有必要参考中世纪的规则来对三段论进行分类。例如下面两个三段论:

所有哺乳动物都是温血动物。

所有鲸鱼都是哺乳动物。

---

[1] 保罗·哈尔莫斯(Paul Halmos),史蒂文·吉万特(Steven Givant),《作为代数的逻辑》(*Logic as Algebra*,1998),美国数学协会,第131页。
[2] 莱布尼茨,《用线性图表示几何命题》(1903)。

所以，所有鲸鱼都是温血动物。

有的律师是最高法院的法官。
有的女性是律师。
所以，有的女性是最高法院的法官。

这两个三段论都属于第一格。三段论的有效性与结论的真无关，但与结论的真是否由前提的真来担保有关。在上面两个例子中，第一个三段论 AAA 式是有效的，而第二个三段论 III 式是无效的。我们可以回想一下，在拉丁诗句中，每个单词的前三个元音都表示了三段论的式，我们会发现，在带有元音 III 的助记单词中，没有一个式名称。

当我们用图来表示一个命题时，因为会涉及主词项和谓词项，所以要使用两个圆圈。尽管三段论有三个命题，但它总共只包含三个项。如图 5.2 所示，文恩图一般用三个重叠的圆圈来分析一个三行三段论。"所有哺乳动物都是温血动物"，这个大前提要求将温血动物圈之外的属于哺乳动物的部分涂上阴影。这个阴影部分表示什么都不存在。同样，在"所有鲸鱼都是哺乳动物"这一前提的要求下，位于哺乳动物圈外的鲸鱼圈部分将被阴影覆盖，以表示这部分是空的。我们只能判断我们的结论是否一定是正确的。这张图告诉我们，所有鲸鱼都是温血动物，因为鲸鱼圈中唯一没有阴影即非空的部分完全位于温血动物圈内。

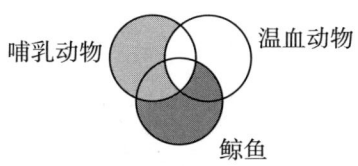

所有哺乳动物都是温血动物。
所有鲸鱼都是哺乳动物。
所以，所有鲸鱼都是温血动物。

图 5.2　三段论的文恩图

对于"有的"语句，我们需要在表示某物存在的区域中放置一个指示符，而不是对区域进行着色，着色表示没有东西存在。这个指示符所在的区域表示有些东西存在。文恩建议用数字来表示"有的"，我们可以用不同的数字来表示哪个前提是可靠的。[1] 为了说明"有的律师是最高法院的法官"这一前提，我们在标有"律师"和"最高法院的法官"的圆圈的重叠部分加上一个"1"。问题是，律师和最高法院的法官之间的重叠

---

[1] 约翰·文恩，《符号逻辑》(*Symbolic Logic*, 2nd ed., London: Macmillan and Co., 1894)，第 131 页。

区域现在有两个部分：一个在女性圆圈内，另一个在女性圆圈外。图 5.3 中的两个图分别展示了两种不同的可能性，但是我们不知道是哪一种。

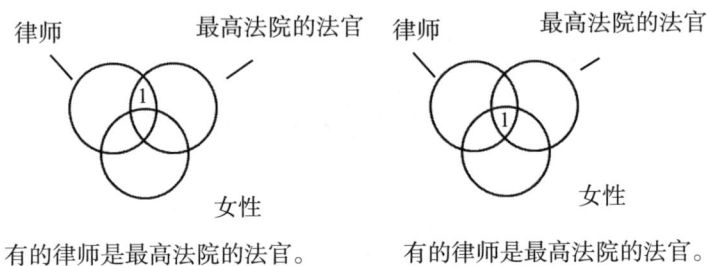

有的律师是最高法院的法官。　　有的律师是最高法院的法官。

图 5.3　给定前提的文恩图

数字"2"将指出第二个前提中可能存在的区域，但是和第一个前提一样，我们会遇到同样的困难。由于第二个前提也有两个可能图示，为了检验结论的必然性或不必然性，在画出两个前提的图之后，我们必须对这四个图进行考察。如图 5.4 所示，这四幅图都是根据两个前提中可能出现的场景来画的。我们能否得出"所以，有的女性是最高法院的法官"的结论？第一个图表明，我们不能得出这样的结论。那么，结论是否绝对且不可否认地由真前提得出呢？答案是否定的。如果用"男性"来代替"最高法院的法官"，那么结论的荒谬性就可以明显地揭示这个三段论的错误。

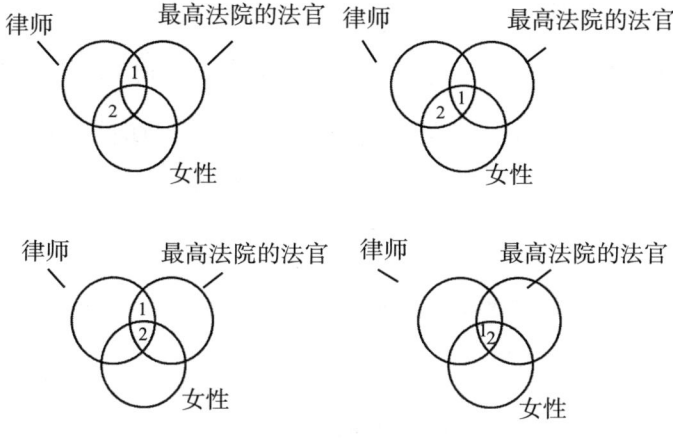

图 5.4 无定论文恩图

有的律师是男性。

有的女性是律师。

所以,有的女性是男性。

虽然逻辑学家们都知道 III 式三段论是无效的,但在 18 世纪和 19 世纪,一些逻辑学家证明,如果确保了两个前提的精确性,就能得出十分有效的结论。假设我说五幅画中的三幅(有的)挂在房间的北侧,这五幅画中的四幅(有的)是肖像画。因为总共只有五幅画,三加四等于七,所以有些画肯定被重复计算了。我们可以得出结论,这五幅画中至少有两幅(有的）一定是挂在房间北侧的肖像画。[1] 这个三段论使用的量词是精确的数字，而不是像"有的"这样的模糊性词汇。虽然"大多数"也很模糊，如果"大多数"的意思是"超过一半"，那么，在上面的例子中，我们也可以得出结论。

大多数画挂在房间的北侧。
大多数画是肖像画。
所以，有的肖像画挂在房间的北侧。

连锁推理或堆

一个论证可以有两个以上的前提和三个以上的项。《牛津英语词典》指出，"sorites"（连锁）是一个由一系列前提组成的论证，其中每个前提的谓词项都是下一个前提的主词项。然后，第一个主词项和最后一个谓词项构成结论。"sorites"来自希腊语，意为"堆"。换言之，"sorites"是一堆联结在一起的命题，它们共同形成一个冗长的三段论，例如，"所有 A 都是 B，所有 B

---

[1] 这是查尔斯·斯坦霍普伯爵的例子，参见：罗伯特·哈利，《斯坦霍普演示器》，《心灵》杂志，1879年，第4卷，第192—210页。

都是 C，所有 C 都是 D，所有 D 都是 E；所以，所有 A 都是 E"。

随着项的数量增多，用于表示它们的图示可能会更复杂。文恩建议使用有四个重叠椭圆的图来分析包含四个项的论证，如图 5.5 所示。每一部分都代表了四个命题真值的可能组合。例如，星号位于 A，B，C 椭圆内，且在椭圆 D 之外，因此，星号所在的区域表示的是 A，B 和 C，而不是 D。[1]

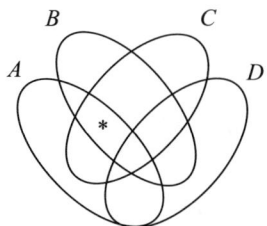

图 5.5　四项的文恩图

当论证中包含五个项时，椭圆和圆就不起作用了，文恩设计出包含五个项的三段论的图示，如图 5.6 所示。他还建议可以画出三项、四项、五项的图，以节约持续绘制这些图所需的

---

[1] 约翰·文恩，《论命题和推理的图示和机械表示》（"On the diagrammatic and mechanical representations of propositions and reasonings"），《伦敦、爱丁堡、都柏林哲学杂志和科学期刊》（*The London, Edinburgh, and Dublin Philosophical Magazine and Journal of Science*），1880 年，第 9 卷，第 59 期，第 1—18 页。

时间。[1] 在五项图中，E 类事物所在区域的形状有一点不同。A，B，C 和 D 的形状是椭圆，但是 E 的形状像一个甜甜圈，里面还有一个洞。这个洞表示在 E 类事物之外的一个领域。

根据文恩的方法绘制两个项的图，我们需要四个独立的区域，并包括所有类之外的区域。要画出三个项的图，我们需要 8 个不相交的区域。五项图有 31 个区域，加上所有封闭区域外的区域，共 32 个区域。通常，n 项的关系图需要 2^n 个区域。

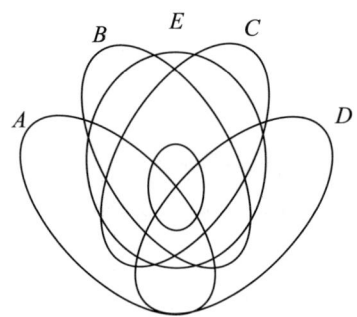

图 5.6　五项的文恩图

在文恩改进欧拉圈后不久，美国数学家艾伦·马昆德（Allan Marquand）提出了一种类似于文恩图的方法，但二者之间有两个不同之处。在马昆德的方法中，首先，各个区域的形状

---

[1] 约翰·文恩，《论命题和推理的图示和机械表示》，《伦敦、爱丁堡、都柏林哲学杂志和科学期刊》，1880 年，第 9 卷，第 59 期，第 1—18 页。

是用直线划分的而不是曲线；其次，他给外面的区域分配了一个封闭的隔间。马昆德演示了分析包含 8 个项的三段论的过程，并指出他已经把这些网格型图示打印出来，以便廉价且方便地使用。[1]

1886 年，马昆德的图示被刘易斯·卡罗尔采用，当时卡罗尔将图示技术作为一种游戏公布。关于代表外部区域的封闭隔间，卡罗尔写道：

> 因此，由于在文恩先生的取舍下可以自由地取值于无穷空间，类突然沮丧地发现自己和任何其他类那样被关在狭小的囚笼里面！[2]

卡罗尔称他的整个封闭区域为"论域"（universe of discourse），这是奥古斯都·德·摩根创造的一个术语。卡罗

---

[1] 艾伦·马昆德，《n 项的逻辑图》（A logical diagram for n terms），《伦敦、爱丁堡、都柏林哲学杂志和科学期刊》，1881 年，第 12 卷，第 266—270 页。文恩（《符号逻辑》，1894）自己为多于 6 个项提出过一个网格型图示。1885 年，亚历山大·麦克法兰（Alexander Macfarlane）提出了一个称为逻辑谱系的表格。它的组成是一个长的长方形（论域）、长方形分成两半——表示一个项及其否定；每一半又分成两半，表示第二个项及其否定，这个过程无限进行，这样，一个 n 项的图将由一个长方形再细分为 2^n 个小长方形组成。

[2] 刘易斯·卡罗尔，《符号逻辑》（Symbolic Logic），威廉·沃伦·巴特利三世（William Warren Bartley, Ⅲ）编（New York：Clarkson N. Potter, Inc., 1977）第 244 页。

尔的五项图包含 32 个三角形区域，如图 5.7 所示。

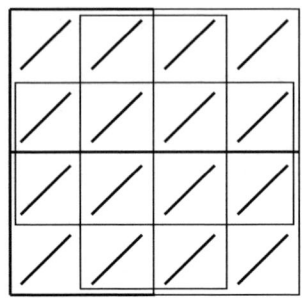

图 5.7　刘易斯·卡罗尔的五项图示法

"傻段论"的气氛

尽管制图方法取得了巨大的进步，但有一些"人为因素"仍待克服。三段论推理的主要困难在于，个人容易接受不符合逻辑必然性的结论。研究人员在探讨三段论的困难性方面做了很多尝试。R. S. 伍德沃斯（R. S. Woodworth）和 S. B. 塞尔斯（S. B. Sells）在 1935 年提出了一个早期假设，被称为气氛效应（atmosphere effect）。他们认为，前提的式营造了一种气氛，这种气氛引导我们倾向于接受某种结论类型。例如，如果前提是肯定的，人们更愿意接受肯定的结论，如果前提是否定的，人们更愿意接受否定的结论，无论结论是否来自前提。此外，就前提的全称与特称气氛而言，它们都使我们倾向于接受类似气氛的结论。[1] "有的 A 是 B" 和 "没有 A 是 C" 这两个前提加在一起，创造了一种气氛，这种气氛使人们倾向于得出带有"有的"和"否定"的结论，例如"有的 C 不是 B"，但显然，这个结论是错误的。

或许，气氛影响并不像看上去那么不合逻辑。在考察了有效的三段论之后，我们注意到某些气氛的模式。几个世纪以来，学者们遵循欧拉提出的有效三段论的规则：如果三段论的前提中有一个是否定的，结论也必须是否定的；如果前提中有一个是特称的，结论也必须是特称的；如果两个前提都是肯定的，那么结论也是肯定的。[2]

前提所营造的氛围被证明是导致推理困难的因素之一，前提是 I，O 命题比前提是 A，E 命题更难。[3] 然而，这一气氛假设本身并不能解释其他结果。如果被试能够在论证中创造出一条"链条"，就像前面提到的连锁推理一样，那么他们就更有

---

[1] 彼得·C.沃森，菲利普·约翰逊－莱尔德，《推理心理学》（1972），第 130 页；乔纳森·巴伦，《思维与决策》（1988），第 140 页；约翰·R. 安德森，《认知心理学及其启示》（1990），第 300 页。
[2] 莱昂哈德·欧拉，《致德国公主的书信》，亨利·亨特英译（1997），第 478 页。
[3] 拉塞尔·雷夫利斯，《三段论推理：从复杂数据做出逻辑决策》，出自：雷切尔·J.法尔马根编，《推理：儿童和成人中的表达与过程》（1975），第 96 页。

可能接受错误的论证。转换错误也是导致推理困难的重要原因。认为"所有 A 都是 B"意味着"所有 B 都是 A"或"有的 A 不是 B"意味着"有的 B 不是 A"是不正确的,但是,人们在三段论推理中经常犯类似的转换错误。

常识干扰逻辑

一般情况下,如果使用我们自己很熟悉的例子,那么诸如转换之类的逻辑错误会更加明显。这是因为人们总是试图把自己的知识和经验带到逻辑任务中去,而不是像现在这样评估推理的有效性。例如,假设我如实声明:"所有出租车都是黄色的。你的车不是出租车。"我们可以从逻辑上得到你的车不是黄色的这一结论吗?在研究逻辑问题时,必须忽略外部事实。不要考虑你的车的实际颜色。正确的答案不是"是"或"不是",这取决于你的车漆的是什么颜色。然而,有些人会回答:"是的,可以得出'我的车不是黄色的'这一结论,因为我的车是绿色的。"如果你的常识少一些,你可能会更有逻辑性。假设我如实声明:"所有出租车都是黄色的。我的车不是出租车。"那么,我的车是黄色的吗?现在你不能使用常识了,因为你没有见过我的车。在这种情况下,你可能更容易得出正确的结论，那就是，"我的车也许是黄色的，也许不是黄色的"。

"所有毕业班学生必须到礼堂报到。你不是毕业班学生。"这两个前提很可能得出一个错误的结论："所以，你不要去礼堂了。"在这种情况下，人们总是试图回忆自己过去的经历。学校发的通知是"所有毕业班学生必须到礼堂报到"，这句话通常是指"所有毕业班学生且只有毕业班学生必须到礼堂报到"。我们经常以一种与逻辑相反的方式使用语言。逻辑要求我们遵循前提。在上面的例子中，我们不知道之前可能还发布了什么公告。"所有班主任都要到礼堂报到"，这些班主任可能是大二、大三、大四的班主任，这个通知应该比"所有毕业班学生必须到礼堂报到"先发布。如果我们把例子改成"所有门萨会员都很聪明。你不是门萨会员。"，很明显，这并不意味着你不聪明。

也许我们大多数人与逻辑学家的思维方式并不相同。在日常语言中，有的前提需要我们自己推断。"所有养狗的人都必须付费。他养了一条贵宾犬。"我们的结论是"因此，他必须付费"。[1] 这个例子中省略的前提是"所有贵宾犬都是狗"。因为省略的这个前提对我们来说似乎是显而易见的，在日常生活中，我们经常自己提供前提以得出有效的结论。

---

[1] 例子来自菲利普·约翰逊-莱尔德，参见：雷切尔·J. 法尔马根编，《推理：儿童和成人中的表达与过程》（1975）。

真值干扰逻辑

"所有人都会死。苏格拉底是人。"因此,可以得出什么结论?给出选项"苏格拉底是希腊人"或"苏格拉底会死"或两者兼而有之,人们往往会在寻找有效结论的过程中添加自己知道的事实性知识。我们很可能接受一个我们所知道的正确结论,却很少考虑推理过程的正确性或不正确性。虽然"苏格拉底是希腊人"在事实上是正确的,但它并不是从已知前提中合乎逻辑地推导出来的。拉塞尔·雷夫利斯(Russell Revlis)指出,试图忽视我们已知的事实是很困难的,就如同陪审员发现自己被要求无视不可接受的证词并仅以可接受的证据为依据的困难一样。他强调,推理者并不是缺乏逻辑技能,而是无法区分在前提中提供的信息和长期储存在记忆中的信息。[1]

经过大量的研究,心理学家仍然没有完全找到我们在三段论推理中表现不佳的原因。彼得·C.沃森和菲利普·约翰逊-莱尔德对推理所涉及的心理过程进行了研究,并承认了这种可悲的情况:

---

[1] 拉塞尔·雷夫利斯,《三段论推理:从复杂数据做出逻辑决策》,出自:雷切尔·J.法尔马根编,《推理:儿童和成人中的表达与过程》(1975),第94页。

心理学家对三段论推理进行了较为详细的研究，但对这一过程却知之甚少。没有形成真正的推理理论，只有一些关于导致错误推理的原因的零散假设。造成这种令人失望的情况的一个原因在于量词的复杂性。[1]

心理学家并不了解人们在三段论中的推理方式。当我们考虑到所有项、前提、式的不同的排列位置都可能涉及看似简单的三行论证结构时，这也许并不太令人惊讶。

术语使逻辑更简单

无数研究亚里士多德逻辑学的学者建立并运用了一种新的词汇，这种词汇来自拉丁语，例如命题、全称、特称、肯定、否定、主词、谓词、前提和结论等。"逻辑"一词源于希腊语"*logos*"，意为"推理"，而"理性"一词则源于拉丁语"*rationation*"。直到16世纪中叶，人们才专门用拉丁语或古希腊语来研究逻辑。

1551年，第一本已知的英文版逻辑书出版，其作者为托马斯·威尔逊，书名为《包含逻辑艺术的理性的规则——用英

---

[1] 彼得·C. 沃森，菲利普·约翰逊-莱尔德，《推理心理学》(1972)，第129页。

语阐述》(The Rule of Reason, containing the Art of Logic, set forth in English)。威尔逊的这本手册是以亚里士多德的《工具论》(Organon)为基础的,当时,大多数逻辑学作品都是以《工具论》为基础的。威尔逊的这本书在英国取得了相当大的成功,大约在 30 年间重印了 5 次。威尔逊主要使用英语版的拉丁三段论词汇,这也是我们今天经常使用的。[1]

1573 年,另一个英国人试图创造一种英语方言式逻辑术语,而不再求助于修改后的拉丁语。拉尔夫·利弗(Ralph Lever)写出了《理性的艺术,正确地说是巫术》(The Art of Reason, rightly termed Witcraft),在这本书中,他甚至建议我们把"逻辑"这个词改成"巫术"(witcraft)。在寻找可以被人们理解和使用的英语词汇的过程中,利弗把"命题"称为"saying"或"shewsay",把"定义"称为"saywhat",把"肯定"称为"yeasay",把"否定"称为"naysay"。前提是"foresays",结论是"endsay"。命题的主项是"foreset",谓项是"backset"。所以,命题"所有狗都是动物"是一个肯定命题,其主项为狗,谓项为动物。为了使他不懂拉丁语的同胞了解逻辑,他在书中写道:

---

[1] 威尔伯·塞缪尔·豪厄尔,《1500—1700 英国的逻辑与修辞》(1961)。

Gaynsaying shewsays are two shewsays, the one a yeasay and the other a naysay, changing neither foreset, backset nor verb.[1]

他的意思是:

在一对相反命题中,一个是肯定,另一个是否定,主词项、谓词项或动词不变。

他的同胞们能不能看懂这段话呢:

If the backset be said of the foreset, and be neither his saywhat, property, nor difference: then it is an Inbeer. For that we count an Inbeer, which being in a thing, is neither his saywhat, property, kind, nor difference.[2]

---

[1] 威廉·涅尔,玛莎·涅尔,《逻辑的发展》(1962),第 299 页。
[2] 威尔伯·塞缪尔·豪厄尔,《1500—1700 英国的逻辑与修辞》(1961),第 62 页。一个"inbeer"是一个"accident"——指的是一个非本质属性。这种英语挑战了我们当前的拼法。

利弗想让大众了解逻辑，他的想法令人钦佩，他希望用本土语言来降低学习逻辑的难度。但是，利弗丰富多彩的"常用语言"词汇表并没有流传下来。

利弗并不是唯一一个试图改进逻辑词汇的英国人。[1] 英国第三代斯坦霍普伯爵，查尔斯·斯坦霍普（Charles Stanhope，1753—1816），为三段论的术语创造了一些相当特殊的命名方法。斯坦霍普因他的许多发明而闻名——显微镜、印刷机、乐器调音器、防火系统、汽船和算术计算器；但让我们更感兴趣的是，他发明了第一台解决逻辑问题的仪器。逻辑证明被称为演示（demonstration），斯坦霍普的设备被称为"演示器"（Demonstrator）。

斯坦霍普急于丢弃那些枯燥无味的助记诗句，如"Barbara""Ceralent"等，这些诗句是学校学生为寻找简便方法而必须记住的冗长的东西。他对他那个时代的逻辑课程没有表现出极大的尊重：

---

[1] 涅尔夫妇（《逻辑的发展》，1962，第 299 页）提到，300 年之后，多塞特郡（Dorsetshire）的诗人威廉·巴恩斯（William Barnes）在《重新设计概述》（*An Outline of Redecraft*，1880）一书中做了类似的努力，但在逻辑学家的词汇方面没有取得更多成功。

我准备把现在使用的那一长串学究式的词汇完全排除在外，这些词汇不为年轻人所理解，也不适合任何年龄的人……相反，我的逻辑体系具有显著的优点，简单、清晰、实用、准确。

斯坦霍普将希腊语单词"*holos*"作为三段论的中项，意为"全部"（whole），"*ho*"和"*los*"分别表示主词和谓词。斯坦霍普演示器的使用说明中包括这样一条规则：在"*los*"上加"*ho*"，然后减去"*holos*"。斯坦霍普认为，他的新逻辑体系具有"清晰性和简洁性"。今天，我们可能会觉得前人解释术语的方式非常有趣。[1]

一开始只有一套相当简单的有效三段论体系，现在有了一套复杂的分类法和一套可怕的逻辑术语。人们必须记住三段论的式、格或拉丁文诗句来分析三段论，这一事实可能使亚里士多德感到十分苦恼，他认为人们可以通过辩论来解决问题。虽然，我们可以理解用更简单的语言重新构建逻辑推理词汇的那些尝试，但这些努力并没有像图示那样真正对简化三段论的分析起作用。莱布尼茨将亚里士多德的三段论描述为人类最美

---

[1] 罗伯特·哈利，《斯坦霍普演示器》，《心灵》杂志，1879年，第4卷，第200页。

丽的发明之一。欧拉宣称这是"发现未知真相的唯一方法"[1]。他继续说道:"因此,你明白了,如何从某些已知的真理中获得未知的真理;以及,我们在几何学中证明许多真理的推理过程,都可以归约为三段论。"[2]

虽然这些说法似乎有些夸张,但亚里士多德的三段论和斯多葛学派的三段论是后来所有逻辑学研究的基础。然而,为了了解斯多葛学派的三段论,我们需要引入一个亚里士多德从未定义过的基本词汇。亚里士多德几乎对所有常见的词都进行了定义,令人惊讶的是,他没有给这个词下定义。或许他以为我们理解了这个词的意思,这个词就是"如果"(if)。

---

[1] 莱昂哈德·欧拉,《致德国公主的书信》,亨利·亨特英译(1997),CIV,第464页。
[2] 同上,CV,第468—469页。

第六章

当事情被"如果"的时候

"反过来,"叮当弟接着说道,"如曾对,就许对;倘若对,就会对;不过既然并不对,那就不对了。这就是逻辑。"

——刘易斯·卡罗尔,《爱丽丝镜中奇遇记》

(Through the Looking Glass)

到目前为止,我们已经探讨过亚里士多德式的命题,并将之称为简单命题。在这一基础上,让我们考虑由简单命题联结而成的其他更复杂的命题。由"如果……那么……"(if... then...)构成的条件命题(conditional proposition),被称为"逻辑学的核心"。[1] "如果"语句有多种形式。用于在时间上联

---

[1] 马丁·D. S. 布雷恩,戴维·P. 奥布兰(David P. O'Brien),《"如果"理论》("A theory of *If*: A lexical entry, reasoning program, and pragmatic principles"),《心理学评论》,1991年,第98卷,第2期,第182—203页;艾伦·R. 安德森(Alan R. Anderson),纽尔·D. 贝尔纳普(Nuel D. Belnap),《蕴涵:相关性与必要性逻辑(第1卷)》(*Entailment: The Logic of Relevance and Necessity*, vol. 1, Princeton, NJ: Princeton University Press, 1975),第1页。

结两个事件的条件语句可以传达因果关系:"如果你按下按钮,电脑就会启动"(电脑启动是因为我按下了按钮)。"如果我在周五能拿到工资,我会还给你我欠你的钱",这是一种承诺。"如果你不做家庭作业,你就不能看电视",这是一种威胁。一个条件句可以表达一种蕴涵关系:"如果这个图形是正方形,那么它有四条边"。条件句也可以为结果提供证据:"如果你在这门课上得了A,那么你一定很努力"。通常情况下,"那么"(then)是隐含的,例如,"如果愿望是匹马,乞丐个个有马骑"。在这类语句中,用前件来进行推理通常被证明是相当棘手的。

奥留斯·盖尔留斯(Aulus Gellius)讲了一个古老的故事,这个故事是关于普罗泰戈拉(Protagoras)和他一个名叫欧提勒士(Euathlus)的年轻学生的。[1] 普罗泰戈拉答应教欧提勒士演讲术和辩论术,并收取了一大笔学费。普罗泰戈拉预先收了这个学生一半的学费,另外的一半两个人约好等到欧提勒士在

---

[1] 根据威尔伯·塞缪尔·豪厄尔(《1500—1700英国的逻辑与修辞》,1961)的观点,这个故事出现在《阿提卡之夜》(Noctes Atticae, 5.10)中。第欧根尼·拉尔修(Diogenes Laertius)在《自由人生与莫里布哲学》(De Vita et Moribus Philosophorum Libri, X 9.56)中也讲述了这个故事。二者都讲述了欧提勒士和普罗泰戈拉的故事。塞克斯都·恩披里克在《数学的冒险》(Adversus Mathematicos) 2.96—2.99中讲述了同样的故事,但是,他把普罗泰戈拉换成了修辞术的发明者科拉克斯(Corax)。托马斯·威尔逊在《理性的规则》(1551)中称普罗泰戈拉为毕达哥拉斯。

法庭上打赢第一场官司之后再付给普罗泰戈拉。欧提勒士一再推迟他的第一个案件的开庭日期，这样就可以不支付第二部分学费，最后，普罗泰戈拉起诉了他的学生，要求他支付第二部分费用。这位老师向法官们陈述他的案情，对欧提勒士说：

如果你输了这场官司，根据判决你必须付给我学费，法律会对我有利。如果你赢了这场官司，你也必须付给我学费，因为根据我们的约定，你必须在赢了第一场官司的时候将另外一半学费付给我。

普罗泰戈拉一定把欧提勒士教得很好，因为这位年轻的学生回答说：

如果你输了这场官司，根据法官和法律的判决，我就不欠你的钱。如果你赢了这场官司，那么根据我们的约定，我也无须付钱给你，因为我并没有赢得我的第一场官司。

故事的结局是，法官们不愿以这种或那种方式做出裁决，因此决定延期审理案件。

演绎推理需要充分理解条件句，并理解关于这个条件的整个理论，以及无数篇关于个体如何解释"如果"这个词的论文。条件语句普遍存在于科学原理中，对我们提出假设和做出逻辑推理的能力而言，是至关重要的。掌握逻辑条件句对因果推理来说十分重要，过度推断和推断不足都会产生很多误解。[1]

值得注意的是，亚里士多德式命题通过"所有＿＿都是＿＿"（all...are...）、"没有＿＿是＿＿"（no...are...）、"有的＿＿是＿＿"（some...are...）和"有的＿＿不是＿＿"（some...not...）联结每个项，而"如果……那么……"联结的是整个命题。在条件句"如果 p，那么 q"中，p 和 q 表示命题；p 被称为前件（antecedent），q 被称为后件（consequent）。例如，在条件句"如果菲菲是一条贵宾犬，那么菲菲是一条狗"中，命题"菲菲是一条贵宾犬"是前件，命题"菲菲是一条狗"是后件。在条件句中，后件必然由前件引申而来。如果前件为真，那么我们可以确定地知道后件也为真。"如果 p，那么 q"意味着，每当 p 发生（或为真）时，q 总是发生（或

---

[1] 马文·L. 克莱因（Marvin L Klein），《从条件句推断》（"Inferring from the conditional: An exploration of inferential judgments by students at selected grade levels"），《英语教学研究》（*Research in the Teaching of English*），1975 年，第 9 卷，第 2 期，第 181 页。

为真）。换句话说，q 必然遵循 p，或者 p 被认为是推出 q 的充分条件。此外，我们可以由此推断，在没有 q 的情况下，p 必然不会发生。如果菲菲不是狗，那么菲菲肯定不是贵宾犬。

回顾一下认知心理学家彼得·C.沃森和菲利普·约翰逊－莱尔德在第一章讨论的测试。测试人员将一个蓝色菱形、一个黄色菱形、一个蓝色圆形和一个黄色圆形展示在被试面前。测试人员宣布，他正在思考一种颜色和一种形状；如果一个符号有他想要的颜色或形状，他就接受，否则他就拒绝。测试者接受了蓝色菱形。当我们分析这个问题时，我们从他的陈述中了解到，其他形状中的一个被拒绝了（但我们不知道是哪个）。我们可以把测试者的思维当作一系列"如果……那么……"语句。我们知道下列条件中必然有一个为真：（1）如果他想的是蓝色和菱形，那么黄色圆形就会被拒绝；（2）如果他想的是蓝色和圆形，那么黄色菱形就会被拒绝；或者（3）如果他想的是黄色和菱形，那么蓝色圆形就会被拒绝。当我们意识到，因为我们无法确定哪一个"如果"是真的，所以我们不可能知道哪个"那么"是真的时，我们的分析就结束了。

有趣的是，这是数学家彼得·温克勒（Peter Winkler）在桥牌游戏中使用的策略，他用他那低劣的叫牌和发信号方式来迷惑对手。这种方法被称为密码逻辑（cryptologic）或加密方法（encrypted methods），在北美锦标赛中被界定为非法的。叫牌体系使用的是条件句，就像上面给出的例子一样，对方无法从叫牌中看出条件句中的哪个前件为真。例如，叫牌可能意味着"如果我有你所说的 A 和 K，那么我就有梅花 A，如果我有你所说的 K 和 Q，那么我就有方块 A；但是，如果我有你所说的 A 和 Q，那么我就会有红桃 A"。尽管桥牌桌上的每个人都被允许知道这就是叫牌的含义，但只有说出花色的一方（和持牌者）才知道哪个假设是成立的。只有使用密码逻辑叫牌系统的伙伴才能获得必要的信息，以确定哪个前件为真。没有这些信息，对手就不可能知道结果是什么。怪不得这一方法被界定为非法的。

　　心理学家发现，用"如果……那么……"类型的语句进行条件推理是非常困难的。为了测试更高阶的思维能力，比如假说检验，认知心理学家彼得·C.沃森设计了一个相对简单的任务。"沃森选择任务"（Wason selection task）首次发表于1966年，这被认为是有史以来研究得最多的演绎推理问题之一。四张卡片将展示在被试面前，被试被告知每张卡片的一面有一个字母，另一面有一个数字。

　　如图 6.1 所示的四张卡片以及一条已知规则展示在被试面

前,这条规则是:"如果一张卡片的一面是元音字母,那么它的另一面是偶数。"[1] 此外,这条规则可能是正确的,也可能是不正确的。被试只要说出那些需要翻开的卡片,由此可以知道这条规则正确与否。只有少部分被试选择了正确的卡片,无论被试是成年人还是孩子,他们都表现得不理想。在这项研究以及其他许多重复它的研究中,得出正确答案的概率不到10%。

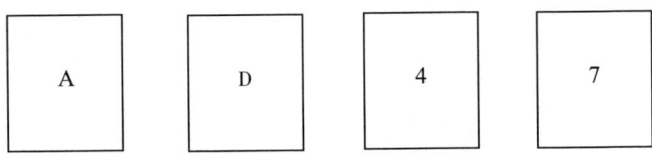

图6.1 沃森选择任务

只有显示"A"和"7"的卡片才会推翻规则。被试认为选择卡片 A 相当明显。如果它的另一面是一个奇数,那么这个规则就不可信。如果它的另一面是偶数,则规则得到确认。因为这条规则对非元音卡片没有任何规定,所以卡片 D 没有任何意义;我们不需要关心卡片 D 的另一面是什么数字。出于同样的原因,卡片 4 也没有任何意义。即使卡片 4 的另一面有一个非元音字母,它也不会使规则失效,因为规则中没有对非元音

---

[1] 彼得·C.沃森,《自相矛盾》("Self-contradictions"),出自《思维:认知科学读本》(1977)。

卡片进行说明。然而，选择卡片 7 是必须的，因为，如果卡片 7 的另一面是元音字母，那么该规则就是不正确的。

被试通常选择卡片 A 和卡片 4，有时只选择卡片 A。对这种错误的一种解释是，被试可能会认为规则的意思是，"卡片的上面是元音，下面是偶数"。他们没有认识到，要将这一规则应用于卡片的另一面。[1] 然而，这个任务是由一些卡片上的数字和字母构造起来的，这使我们很难接受这种对被试选择错误的解释。

无论是什么原因，在本研究和其他研究中，被试明显倾向于选择可能证实的证据，而忽略了可能伪造的证据。看起来似乎是我们将注意力放错了地方。因为问题是那样设定的，我们的注意力集中在那条规则所指定的卡片上，而忽视了未被指定的相关卡片。规则中对价值的提及增加了指定卡片的重要性，并使被试倾向于选择它们。人们一般认为规则中的信息是有意义的，而忽

---

[1] 薇薇安·杜兰德－格里尔（Viviane Durand-Guerrier），《数学课中的条件句、必要性与偶然性》("Conditionals, necessity, and contingence in mathematics class")，离散数学与理论计算机科学研究中心关于在不合逻辑的世界教学逻辑与推理研讨会，新泽西州立罗格斯大学，1996 年 7 月 25—26 日。

略其他重要的选择，这被称为匹配偏差（matching bias）。[1]

有迹象表明，当被试在决策过程中暴露出矛盾时，有一部分人能够克服自己的错误。然而，大多数人即使面对相互矛盾的证据，也不愿纠正他们的结论。虽然被试出现了错误，但他们相信自己是对的。即使当被试被告知选择卡片 7 可以证明规则的错误性时，他们也常常理性地拒绝这样做。[2]

多维数据集任务（cube task）是另一个很吸引人的实验，它可以用来评估被试使用"如果……那么……"语句推理的能力。立方体的每一面有正方形、三角形或圆形。已知规则是："如果一个立方体的一面是三角形，那么它的对面就是圆形。"被试要根据图 6.2 进行推理。在立方体的对面是否可能有一个正方形、一个圆形或一个三角形？ 30%～50% 的被试给出的

---

[1] 戴维·P. 奥布兰，《条件推理的发展："如果"命题》（"The development of conditional reasoning: An iffy proposition"），出自：H. W. 里斯（H. W. Reese）编，《儿童发展与行为的进步（第 20 卷）》（*Advances in Child Development and Behavior*, vol. 20, New York: Academic Press, Inc., 1987），第 77 页；乔纳森·埃文斯（Jonathan St. B. T. Evans），《推理中的启发过程和分析过程》（"Heuristic and analytic processes in reasoning"），《英国心理学期刊》，1984 年，第 75 卷，第 451—468 页。

[2] 彼得·C. 沃森，菲利普·约翰逊－莱尔德，《推理心理学》（1972），第 199 页。

答案是，有可能在对面有一个三角形，这是唯一错误的答案。[1]

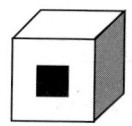

图 6.2 "如果立方体的一面是三角形，那么它的对面就是圆形。"

当然，在英语中还有很多其他的方式来表达"如果……那么……"条件句。条件句也可以用"蕴涵"（imply）、"没有……不……"（never without）、"除非"（not unless）和"仅当"（only if）等词来表达。例如：

> 如果我戴着手套，那么我就穿上了外套。
> 我穿着外套，如果我是戴着手套的。
> 戴上手套蕴涵我穿上了外套。
> 在没穿外套的情况下我从不戴手套。
> 除非我穿上了外套，否则我不戴手套。
> 我只有穿上了外套才会戴上手套。
> 每当我戴上了手套，我就穿上了外套。

---

[1] 薇薇安·杜兰德-格里尔，《数学课中的条件句、必要性与偶然性》，离散数学与理论计算机科学研究中心关于在不合逻辑的世界教学逻辑与推理研讨会，新泽西州立罗格斯大学，1996 年 7 月 25—26 日。

>   仅当我穿上了外套，我才戴上手套。

在逻辑学中，不同的陈述表达了相同的含义，这意味着它们总是有相同的真值。当且仅当"我戴着我的手套"为真，而"我穿着我的外套"为假时，这些条件句才是假的。"如果 p，那么 q"可以表示为：有 p 必有 q；p 当且仅当 q；q，如果 p；p 是 q 的充分条件；p 蕴涵 q；q 是 p 的必要条件；q 由 p 所蕴涵；或者每当有 p 就有 q。虽然它们在逻辑上是相同的陈述，但我们无法确保每个人都能正确地理解这些不同形式的句子。

在推理和语言理解中，我们需要考虑几个因素。句子的意义是由外延意义（denotative meaning）、语言结构（句法和语义）和内涵意义（connotation）决定的。内涵意义包括我们赋予手头材料的事实知识和经验知识。一位研究人员说："人们如何理解'如果……那么……''所有……都是……'这样的陈述并对它们进行推理，是对填补这些陈述空白处的内容非常敏感的，也就是说，对推理的主题非常敏感。"[1] 有人认为，当材料更确切、更具体时，个体理解的难度就会更小。的确如

---

[1] 丹尼尔·奥舍森（Daniel Osherson），《逻辑与逻辑思维模式》("Logic and models of logical thinking")，出自：雷切尔·J. 法尔马根编，《推理：儿童和成人中的表达与过程》（1975），第 89 页。

此，一些研究报告显示，成年人在阅读有意义的内容时，明显会表现得更好。此外，还有一些人指出，有的人无法成功地执行自己熟悉内容的任务。[1]

彼得·C.沃森和黛安娜·夏皮罗（Diana Shapiro）改进了"沃森选择任务"，当他们将材料与被试的日常经验联系起来时，被试明显表现得更好。这一次，被试被告知，四张卡片表示一场旅行，每张卡片的一面是目的地，另一面是交通方式。和原来的沃森选择任务一样，四张卡片被放置在桌面上，被试只能看到每张卡片的其中一面。已知陈述："每次我去曼彻斯特，我都坐火车。"这种说法可能是真的，也可能不是真的。被试要说出那些需要被翻开以证实或反驳这一主张的卡片名称。任务设置如图6.3所示。[2]

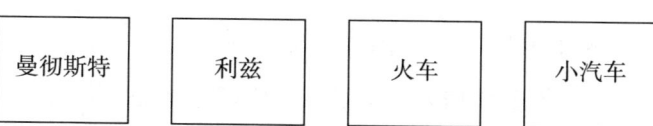

图6.3 "每次我去曼彻斯特，我都坐火车。"

---

[1] 玛丽·亨利，《逻辑与思维之间的关系》（1962），第375页；戴维·P.奥布兰，《条件推理的发展："如果"命题》，出自：H. W. 里斯编，《儿童发展与行为的进步（第20卷）》（1987），第78页。

[2] 参见：菲利普·约翰逊-莱尔德，彼得·C.沃森，《对一个推理任务的理论分析》，出自：《思维：认知科学读本》（1977b），第151页。

研究中没有注意到一个问题，即用不同的语言来表述条件句会产生不同的影响。被试有可能更容易评估"我每次都坐火车去曼彻斯特"，而非"如果我去曼彻斯特，我就坐火车"。沃森和夏皮罗坚持认为，对材料的熟悉使任务变得更容易完成。当被试被要求评估他们认为有意义的东西时，16名被试中有10名正确地评估了这一要求（他们选择了"曼彻斯特"卡片和"汽车"卡片）。在使用抽象材料和主观规则执行类似任务的对照组中（与使用字母和数字的原始选择任务相比较），16人中只有2人正确地完成了任务。

在理查德·A. 格里格斯（Richard A. Griggs）和詹姆斯·R. 考克斯（James R. Cox）进行的一项研究中，一项逻辑上与沃森选择任务等值的任务进一步证明，给被试提供一个熟悉的评估规则时，他们可以表现得非常好。佛罗里达州的学生们被要求监督执行遵守这条规则："如果一个人在喝啤酒，那么这个人必须年满19岁。"然后，他们要想象自己负责执行这项规则。正如在沃森的卡片任务中一样，呈现出四张卡片，这四张卡片代表人们可能违反规则，也可能没有违反规则。每张卡片的一面写着这个人的年龄，另一面写着这个人喝的东西。被试分别面对着标有"喝啤酒""喝可乐""16岁"和"22岁"的卡片。被试的任务是选出那些能决定是否违反规则的卡片。

74% 的被试能够选出正确的卡片，"喝啤酒"和"16 岁"。[1]

你一定记得，在之前的沃森选择任务中，有两个常见错误。大多数被试正确地选择了卡片 A，错误地选择了卡片 4，也错误地忽略了卡片 7。这相当于正确地选择了"喝啤酒"、错误地选择了"22 岁"和错误地忽略了"16 岁"。在这种情况下，一个人必须仔细思考，以确定"19 岁以上的人"在寻找"喝啤酒"的替代品，从而使这条规则成立。换句话说，一个人必须思考，为一个 22 岁的人寻找一个可以替代"喝啤酒"的选择。人们能想到很多其他选择，因此人们不会（错误地）选择"22 岁"。

格里格斯和考克斯的研究既使用了具体的材料（人的年龄和他们喝的东西），也使用了一条人们熟悉的规则，即一条被试可以理解的基本原理（关于特定年龄的饮酒许可）。然而，仅靠具体材料还不足以保证推理能力的持续性。当被试面对一个他们之前有过类似经验的问题时，他们正确评估逻辑规则的能力从 10% 以下上升到 70% 以上。格里格斯和考克斯的结论是，促进人们在逻辑推理任务中表现得更好的原因不是所推理材料的具体性，而是多种因素的复杂组合。当被试经验中的反例不可用或难以回忆时，以及当逻辑任务不能提示个体搜索反例时，被试很

---

[1] 理查德·A. 格里格斯，詹姆斯·R. 考克斯，《沃森选择任务中难以解释的主题材料》，《英国心理学杂志》，1982 年，第 73 卷，第 407—420 页。

难应用逻辑规则。当一个被试过去经验中的一条规则被推理出来时，可以更容易地回忆起长期记忆中的一个伪造的例子。

其他研究用具体但无法解释的规则复制了沃森选择任务，被试可以看到对这些规则的解释说明。一项研究甚至提出了与一般经验相反的规则："如果一个人超过 19 岁，那么这个人一定在喝啤酒。"[1] 当要求或规则不符合被试的一般知识或与他们的经验相悖时，被试的表现并不会很好。然而，当被试知道规则背后的原理，并且这些规则对他们有意义时，他们的表现水平就有了显著的提高。

赫尔曼·斯托登迈耶（Herman Staudenmayer）认为，推理通常发生在包含意义的"语言结构"和表达中。他认为，推理不是孤立地进行的，而是包含个人拥有和用来理解信息的各种处理策略。[2] 他测试了被试评估条件三段论的能力，这些三段论有不同的内容，这些内容有不同的意义层次。他认为，推理任务中的表现会受到以下因素的影响：所用联结词的形式（"如果 p，那么 q"与"p 导致 q"），抽象材料的使用（"如果 X 发

---

[1] 参见：戴维·P. 奥布兰，《条件推理的发展："如果"命题》，出自：H. W. 里斯编，《儿童发展与行为的进步（第 20 卷）》（1987），第 81—82 页。这是对格里格斯和考克斯研究的二次研究。
[2] 赫尔曼·斯托登迈耶，《理解如何通过有意义的命题进行条件推理》，出自：雷切尔·J. 法尔马根编，《推理：儿童和成人中的表达与过程》（1975）。

生则 Y 发生"），以及使用有意义的具体材料与异常的具体材料（"如果我打开开关，那么灯就会亮"与"如果他浇灌热带植物，那么灯将会亮"）。在评估人类推理的过程中，所有这些因素都会影响个体对前提的解释以及对结论的后续评价。

在绝大多数情况下，被试误解了条件句。使用抽象材料进行推理的被试比使用有意义或异常材料进行推理的被试产生的错误更多。另一方面，与有意义或异常的具体材料相比，被试更加坚信抽象材料。显然，个体有某种推理系统（即使该系统与逻辑规律没有关系），并且在用抽象材料进行推理时，如果意义没有阻碍或干扰感官，人们就会始终使用这种系统。在面对异常材料的情况下，个体试图以某种假设的方式来构建意义（想象一个由浇灌植物打开灯的世界）。对于抽象材料，个体也可以尝试形成一个关于他们理解的内容的有意义的例子，作为对任意命题的替代。然而，人们通常构造的示例在逻辑条件的严格定义下并不适用。

斯托登迈耶的结论是，有很多因素影响着主体的推理过程。这些因素包括反应偏差、反应替代方案的数量以及接收到的关于任务性质的指令。任何逻辑推理理论都需要区分推理中主体的解释过程和评价过程。一个人是否接受某种解释，受一般知识、关于上下文的假设、句子中的语言变量以及推理中的倾向策略或偏见的影响。但是，个人解释这些前提的过程需要确定影响这种解释的确切因素。

戴维·P. 奥布兰（David P. O'Brien）指出，熟悉度本身并不能导致正确的推论。[1] 不同领域的情况不同。例如，医学和机械诊断领域提供了一个论坛，用于考虑通常以不同方式解释的相同形式的逻辑论证。假设一个病人被医生告知他的疼痛是由炎症引起的，如果服用某种药物来减轻炎症，那么疼痛就会消失。如果病人没有服用药物，他的疼痛也消失了，我们不一定会认为医生是个骗子。因为生物体具有自愈属性。但另一方面，汽车通常没有自愈能力。例如，一位修理师告诉你，你的汽车过热，如果更换一个恒温器，过热问题就可以解决。如果恒温器没有更换，过热问题也停止了，你可能会怀疑这个修理师的诊断能力。

虽然我们可能更容易评估自己熟悉的条件句，但事实证明，情感材料会给我们带来太多负担，以至我们完全忽略了评估语句的逻辑。"如果一个被定罪的人已经向社会偿还了全部债务，那么他应该能够重新过上个人生活。"如果我们知道这个人是儿童猥亵者，我们很难对此进行理性评价。

---

[1] 戴维·P. 奥布兰，《条件推理的发展："如果"命题》，出自：H. W. 里斯编，《儿童发展与行为的进步（第 20 卷）》(1987)。

条件句的逆命题

苏珊娜·埃普的研究表明，人们认为"如果 p，那么 q"与它的逆命题"如果 q，那么 p"是等值的。[1] 这是一种转换错误，和人们认为"所有 A 都是 B"等于"所有 B 都是 A"所犯的错误一样。"个人在使用条件句时经常犯这种错误，因为他们确信自己的推理是正确的。"[2]

"如果火车从华盛顿特区开往波士顿，那么它会在纽约停。"我认为这是一个真的条件命题。"如果有一列火车从华盛顿开往波士顿，我能断定它会在纽约停吗？"（能。）如果我看到一列火车停在纽约，我能断定它是从华盛顿开往波士顿的吗？（不能。）如果我看到一列火车在去波士顿的路上停在纽约，我能假设这列火车始发站是华盛顿吗？（不能。）如果我看到一辆从华盛顿出发的火车停在纽约，我能推断出它是开往波士顿的吗？（不能。）

语言学家认为，使用条件句进行推理的困难在于我们对语

---

[1] 苏珊娜·埃普，《数学教学中的量化语言》，出自：李·V. 斯蒂夫，弗朗西斯·R. 柯西奥编，《在 K-12 年级发展数学推理》（1999）。
[2] 约翰·C. 谢尔伍德（John C. Sherwood），《理性的话语：语义与逻辑简明手册》(*Discourse of Reason: A Brief Handbook of Semantic and Logic*，New York：Harper & Row，1964）。

言的使用。我们经常误用条件句。有时候，我们的所想与所说不同；我们实际想表达的意思与说出来的意思正好相反。"如果你年满 18 岁，那么你有资格投票"这句话与它的意思正好相反。当然，有些年满 18 岁的人有资格投票，但事实上，所有有资格投票的人都符合 18 岁以上的要求。因此，准确的表述应该是，"如果你有资格投票，那么你年满 18 岁"。[1]

在医学界，准确理解条件句是至关重要的。然而，在这个领域中，条件句常常与它们的逆命题混淆。在医疗鉴定时，医生们通常要处理实验室检测结果的敏感性（真阳性）和特异性（真阴性）的统计数据。1978 年发表在《新英格兰医学期刊》（*The New England Journal of Medicine*）上的一项研究表明，医生们经常误解医学检测的结果。[2] 这种错误有时被解释为概率推理上的困难，但实际上是一种逻辑上的误解。如果一个人患有该疾病，那么被检测出该疾病呈阳性的可能性称为检测的敏感性（sensitivity）。如果一个人没有这种疾病，那么检测结果呈阴性的可能性就叫作检测的特异性（specificity）。例如，对

---

[1] 彼得·C. 沃森，菲利普·约翰逊－莱尔德，《推理心理学》(1972)，第 61 页。
[2] 沃德·卡斯尔斯（Ward Cassells），阿尔诺·舍恩伯格（Arno Schoenberger），托马斯·格雷鲍尔斯（Thomas Grayboys），《医生对临床试验结果的解释》("Interpretation by physicians of clinical laboratory results")，《新英格兰医学期刊》，1978 年，第 299 卷，第 999—1001 页。

某种疾病的检测敏感度为 0.90，这一事实意味着，考虑到患者患有这种疾病，筛选测验呈阳性的概率为 90%。这称为条件概率（conditional probability），因为它是在逻辑条件句（logical conditional）的上下文中呈现的概率。用"如果……那么……"的形式来表述，即"如果一个人患有这种病，那么他得出阳性检测的概率是 90%"。

现在假设你做了筛选测试，结果呈阳性。你患这种病的可能性有多大？仅通过已知信息没人知道答案。我们需要不同的统计数据来准确地回答这个问题。任何声称答案是 90% 的人，都混淆了条件句的概率和它逆命题的概率。在检测结果为阳性的情况下患病的概率和在患病的情况下检测结果为阳性的概率是不同的，甚至有很大的差异。难以置信的是，有研究表明，许多甚至大多数医生都犯了这种错误。在一项医学文献调查中，戴维·埃迪（David Eddy）报告称，医生混淆这些条件概率并不奇怪；医学研究人员在他们的研究结果报告中经常犯这样的错误。[1]

---

[1] 乔纳森·J. 凯勒（Jonathan J. Koehler），《重新思考基率谬误》（"The base rate fallacy reconsidered: Descriptive, normative, and methodological challenges"），《行为与脑科学》（*Behavioral and Brain Sciences*），1996 年，第 19 卷，第 1 期，第 1—53 页；戴维·埃迪，《临床医学中的概率推理》（"Probabilistic reasoning in clinical medicines: Problems and opportunities"），出自：《不确定性下的判断》（*Judgment under Uncertainty: Heuristics and Biases*，New York: Cambridge University Press，1982）。

在法庭诉讼中，人们很容易在评估证人的可能性时犯同样的错误。当今，看到或听到 DNA 专家证明一个不是遗传物质来源的人（被告）仍然有"匹配"的可能性，这并不罕见。如果被告不是遗传物质的来源，那么他匹配的概率是 2000 万分之一，如果被告"匹配"，那么他不是遗传物质来源的概率是 2000 万分之一；这两种表述是不一样的。在某些情况下，正是这种错误极大地增加了模拟陪审员做出有罪判决的倾向。[1]

对导致条件句出现不当转换的原因感兴趣的研究人员考察了以下几个因素，如抽象材料的使用、任务的难度、二元情境（是/否、开/关等）的使用以及对前件的否定。带有否定前件的条件句有一种特殊的倾向，即被解释为双条件句（biconditional）的倾向。[2] "如果你没有看到垃圾桶，那么你就把垃圾放在你的口袋里"被理解为"如果你没有看到垃圾桶，那么你就把垃圾放在你的口袋里，如果你把垃圾放在你的口袋里，那么你就没有看到垃圾桶"。儿童和成人普遍存在把条件句理解为双条件句的倾向。[3]

---

[1] 乔纳森·J. 凯勒，《重新思考基率谬误》，《行为与脑科学》，1996 年，第 19 卷，第 1 期，第 1—53 页。

[2] 彼得·C. 沃森，菲利普·约翰逊-莱尔德，《推理心理学》(1972)，第 61 页。

[3] 盖伊·波利策，《含义解释的差异》("Differences in interpretation of implication")，《美国心理学杂志》(*American Journal of Psychology*)，1981 年，第 94 卷，第 3 期，第 461—477 页。

一些研究关注的是被试对"如果……那么……"条件句进行推理的能力，这些研究曾经使人注意到条件句的逻辑定义。当对一个简单的条件句进行推理时，被试可能错误地认为"如果 p，那么 q"也意味着"如果 q，那么 p"，或者表示二者同时成立，有 p 也有 q。一项研究提供的证据表明，表达了后件必要性的语言消除了成年人的错误，并显著降低了五年级学生的错误。在这项研究中，我们准备了 4 个参考盒，每个参考盒中都有一个动物和一个水果，我们做了一系列的条件陈述，让被试判断其真假。[1] 这项研究出现了一个有趣的结果，即被试对两个错误条件句的理解存在差异：简单的条件句是，"如果盒子里有一个苹果，那么就有一匹马"，而条件句是要明确结论的必要性，即"如果盒子里有一个苹果，那么就一定有一条狗"。实验如图 6.4 所示。

根据第二种说法，当结论的必要性被明确后，五年级学生的正确回答率从 15% 上升到 70%，成年人的正确回答率从 75% 上升到 100%，在这两种情况下，正确回答率都有了显著的改善。

---

[1] 戴维·P. 奥布兰,《条件推理的发展："如果"命题》，出自：H. W. 里斯编,《儿童发展与行为的进步（第 20 卷）》(1987)；戴维·P. 奥布兰等,《关于条件句的推理》("Reasoning about conditional sentences: Development of understanding of cues to quantification"),《实验儿童心理学杂志》，1989 年，第 48 卷，第 90—113 页。实验远比这个复杂，但这是我们当前兴趣的重要组成部分。

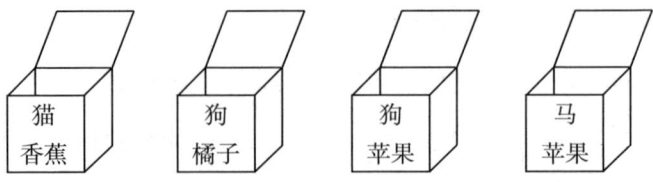

图 6.4 判断真与假："如果盒子里有一个苹果，那么就有一匹马。"
与"如果盒子里有一个苹果，那么就一定有一条狗。"

其他研究表明，当材料是视觉或图像材料时，转换和双条件推理出现的频率会降低。我们可以回想一下，在第一章提到的波利策的研究中，被试在信息是可视化的任务中表现得更好。("如果我穿裙子，我就戴帽子。"参见图1.2。)在苏珊·阿金特（Susan Argent）的一项研究中，当被试被告知"如果是钻石，那么它就是绿色的"陈述时，24个人中有20个人认为推出"所有绿色形状的东西都是钻石"也是合适的，他们将已知陈述理解为一个双条件句。当被试看到这些材料的图纸或说明时，24名被试中只有6人出现错误的推断。[1] 视觉材料常常有助于推理者发现反例。

有证据表明，个体会寻找视觉或其他方面的反例或矛盾，以做出正确的推论。对被试进行矛盾训练可以让他们在推理过程中表现得更好。在一些研究中，个体的错误结论与所给信息

---

[1] 彼得·C.沃森，菲利普·约翰逊-莱尔德，《推理心理学》（1972），第147页。

不符，个体表现出抑制进一步错误推理的倾向。[1]

因果关系

研究人员指出，个体倾向于将条件句解释为双条件句似乎被认为是一种自然倾向，即把前件和后件视为因果关系，并将前件看作导致后件的唯一原因。[2] 面对条件句"如果下雨，那么她会弄坏她的新鞋子"，人们可能会认为下雨是她弄坏新鞋子的唯一可能原因。虽然下雨确实是一个可能的原因，但它不是唯一的原因。前件和后件的时间性质容易使人产生一种因果心理状态。

彼得·C.沃森和菲利普·约翰逊－莱尔德指出，即使"如果 p，那么 q"和"p 仅当 q"两个命题有相同的真值，但二者的意义有明显的区别。[3] 这两种不同的形式在时间或因果关

---

[1] 戴维·P. 奥布兰，《条件推理的发展："如果"命题》，出自：H. W. 里斯编，《儿童发展与行为的进步（第20卷）》(1987)，第76页；彼得·C.沃森，菲利普·约翰逊－莱尔德，《推理心理学》(1972)，第64页。

[2] 彼得·C.沃森与菲利普·约翰逊－莱尔德（《推理心理学》，1972，第65页）解释说：如果 p 是 q 的唯一原因，那么，当 p 确实没有出现的时候，q 的原因就会缺失，q 也不会出现。当 q 出现的时候，它的唯一的原因 p 也一定会出现。

[3] 彼得·C.沃森，菲利普·约翰逊－莱尔德，《推理心理学》(1972)，第73页。

系的内涵上有所不同。"如果企业宣布合并,那么股价就会上涨"与"只有股价上涨,企业才宣布合并"在逻辑上是等值的。这两个条件句只有在企业合并但股价没有上涨的情况下才被推翻。然而,"如果企业宣布合并,那么股价就会上涨"听起来像是企业宣布合并导致了股票价格上涨,或者至少企业宣布合并发生在股票价格上涨之前。另一方面,"只有股价上涨,企业才宣布合并"似乎模糊了事件之间的因果关系和时间联系。

科学中的许多条件句都需要因果解释。溺水案件中的法医调查员或者为确定某一物质是海水还是淡水而进行检测的生态学家,可以在该物质中加入硝酸银,以检测其含盐量。如果该物质中含盐量高,那么将会出现白色的沉淀物,水会变得浑浊。但是,如果认为盐是唯一一种在加入硝酸银后使水变浑浊的物质,那就是错误的。其他物质也可能产生同样的化学反应。[1]

当遇到"如果 p,那么 q"时,我们可能会推断出一种因果关系。我们可能认为 p 是 q 的原因,p 蕴涵 q,q 从 p 得出,或者两个事件之间还有其他的关联,但是命题本身并没有给出

---

[1] 感谢新泽西城市大学化学系特里瓦·帕默(Treva Pamer)博士的帮助。

任何关于 p 和 q 之间其他关系成立的信息。[1] 逻辑条件语句不需要因果解释。个人进行严格的演绎推理的能力经常被令人误解的因果内涵所干扰。[2]

通过研究纯粹推理（逻辑）和实践推理之间的区别，彼得·C.沃森和菲利普·约翰逊－莱尔德发现，当被试面对的是引发实践思维或推理的相关材料，以及与之无关的抽象材料时，他们往往倾向于给出时间上或因果上的解释。沃森和约翰逊－莱尔德指出，"他们总是准备将任务的逻辑要求抛诸脑后，并试图在事件之间建立一些有意义的联系……如果把世界上的事件自发地组成一个因果矩阵，世界就会变得更加有序和可预见。"[3] 沃森和约翰逊－莱尔德强调，在实际推理时进行因果假设并不奇怪——假设因果关系有助于我们在日常生活中得到推论。他们坚持认为，"仅凭逻辑就做出有效的推论"和"正确结论和有效推论之间的区别"的说法是令人困惑的，这些说法被证明与普通人的惯常思维模式格格不入。[4]

---

[1] 马丁·D. S. 布雷恩，《推理的自然逻辑与标准逻辑之间的关系》，《心理学评论》，1978 年，第 85 卷，第 8 页。
[2] 彼得·C.沃森，菲利普·约翰逊－莱尔德，《推理心理学》(1972)，第 73 页。
[3] 同上，第 81—82 页。
[4] 同上，第 83 页。

当我们考察条件句的历史起源时,我们期望条件句中有因果关系,这一点应该不会让任何人感到惊讶。历史学家认为,利用条件命题和其他复杂命题来分析论证源自斯多葛学派。他们认为,在一个正确的条件句中,后件的概念要由前件的概念所导致,根据历史学家涅尔夫妇的说法:

> 当希腊人提出一个以"如果"开头的命题时,他们认为"结果"是合乎逻辑地从"前提"中推导出来的。这是条件句形式中相当常见的用法……但不能推断"如果……那么……"总是以这种方式使用,同时,在逻辑上,人们试图用蕴涵式来识别条件句,这造成了许多混淆。[1]

逆否命题

我们已经看到,混淆条件句和它的逆命题是一种错误。这是因为当条件句为真时,它的逆命题可能为真,也可能为假。"如果你超速驾驶,那么你就违反了法律"是正确的,它的逆命题即"如果你违反了法律,那么你就超速驾驶了"可能是正确的,也可能是错误的。另一种陈述被称为逆否命题

---

[1] 威廉·涅尔,玛莎·涅尔,《逻辑的发展》(1962),第 99、134 页。

（contrapositive），当条件句为真时，它总为真，当条件句为假时，它总为假。上述条件句的逆否命题是"如果你没有违法，那么你就没有超速"。亚里士多德这样理解逆否命题的原则，他说："如果有必要让 B 在 A 存在时存在，那么有必要让 A 在 B 不存在时不存在。"[1]

逆命题的逆否命题被称为反命题（inverse）。上述条件句的反命题是"如果你没有超速驾驶，那么你就没有违反法律"。和逆命题的错误一样，我们不能因为条件句（原命题）为真，就推出它的反命题也为真。M. 盖斯（M. Geis）和 A. M. 兹维基（A. M. Zwicky）指出，某些推论如反命题是被引申的，推理者很难不接受它们的有效性。[2] 作为自然语言和交谈的一部分，条件句"如果 p，那么 q"作为一种承诺或威胁，通常会引发"如果不是 p，那么就不是 q"的推断。例如，"如果你吃晚餐，你可能会吃甜点"。我们很可能认为这一承诺招致了反命题的威胁，即"如果你不吃晚餐，你就得不到甜点"。但条

---

[1] 出自：W. D. 罗斯英译，《牛津亚里士多德学生手册》（1942），卷 II.2，第 53b12 页。

[2] 芭芭拉·朗曼（Barbara Rumain），杰弗里·康奈尔（Jeffrey Connell），马丁·D. S. 布雷恩，《对话理解过程对儿童与成人的推理谬误负有责任》（"Conversational comprehension processes are responsible for reasoning fallacies in children as well as adults: if is not the biconditional"），《发展心理学》（Developmental Psychology），1983 年，第 19 卷，第 471—481 页。

件句中并没有这样的说法。它只谈到吃晚餐的后果，而对不吃晚餐的后果只字未提。奇怪的是，尽管对父母的这种劝告的常见解释没有任何逻辑依据，但父母和孩子乃至我们所有人都可以理解这种说法的意图。

我喜欢乔纳森·巴伦给出的例子。面对"如果你不闭嘴，我就尖叫"的威胁，如果你闭嘴后说话者仍然尖叫，我们都会感到惊讶。说话者可能需要你对这个条件句及它的反命题都进行一番解释。"如果你不闭嘴，我就尖叫；如果你闭嘴，我就不会尖叫。"这种解释可能不合逻辑，但并非不合理；这种解释很有道理。在日常交流中，我们会对一个人可能想表达的意思做出实际的假设。[1]

今天，"如果月亮是绿色奶酪做的，那么猪就会飞"这样的说法被认为是一个为真的条件句，尽管它的前件和后件都为假。把这个荒唐的条件句看作真的是很适当的，原因之一在于，我们把它的逆否命题看作为真的。这个条件句的逆否命题看似荒唐，但它既有为真的前件，也有为真的后件。"如果猪不会飞，那么月亮就不是绿色奶酪做的。"这种条件句具有特殊性的原因很清楚，因为条件句并不是毫无意义的。"如果

---

[1] 乔纳森·巴伦，《思维与决策》(1988)，第 137 页。

3 + 1 = 5，那么 3 + 2 = 6"为真，因为我们很愿意把它的逆否命题即"如果 3 + 2 ≠ 6，那么 3 + 1 ≠ 5"看成是真的。

如果我们能在推断逆命题、反命题或双条件句的过程中避免犯错，我们就能在论证、证明和科学假设中充分使用条件句。此外，所有类型 A 的全称命题都可以转化为条件命题。例如，"所有 S 都是 P"很容易转化为条件式："如果一个东西是 S，那么它就是 P"。"所有母亲都是女性"可以变成"如果一个人是母亲，那么这个人就是女性"，"所有出租车都是黄色的"可以变成"如果一辆车是出租车，那么这个车是黄色的"。就像亚里士多德的直言三段论一样，条件句也可以用来构造三段论。作为复杂的复合形式，我们看到，有效的论证会使用"如果"（if）、"并且"（and）与"或者"（or）。接下来我们将考察这些三段论论证。

第七章

包含"如果""并且"与"或者"的三段论

> 如果第一个和第二个，那么第三个；但不是第三个；而是第一个；所以不是第二个。
>
> ——塞克斯都·恩披里克

亚里士多德的命题被称为直言命题（categorical proposition），因为它们是由表示范畴（category）的项或类构成的。亚里士多德三段论被称为直言三段论（categorical syllogism）。尽管亚里士多德的三段论很出色，但它并不是唯一现存的三段论形式。斯多葛学派提出了另一种形式的三段论，称为条件三段论（conditional syllogism）或假言三段论（hypothetical syllogism），这种三段论使用条件句或假设句。这些有力的语句是由命题构成的，而不是亚里士多德所说的项构成的。尽管亚里士多德从未亲自提到过条件句，但他在确立三段论的有效性时，广泛地使用了条件句。

公元 2 世纪的医生盖伦被认为是 1844 年发现的逻辑学著作《辩证法概论》（*Introduction to Dialectic*）的作者。从盖伦的著作中，我们可以看出，亚里士多德的三段论与几何学中的证明相联系，而斯多葛学派的三段论则与形而上学中的论证相联系。很明显的是，斯多葛学派在如何解释条件命题上引起了相当大的争议。根据塞克斯都·恩披里克的说法，希腊诗人卡利马库斯（Callimachus）写过这样的警句："甚至连屋顶上的乌鸦都在争论着条件句的真假性质。"[1]

由斯多葛学派发展起来的三段论逻辑被称为命题推理（propositional reasoning），而不是亚里士多德的范畴推理或类推理。亚里士多德严格地探讨了简单命题以及项或类组合在一起形成命题的方式，而斯多葛学派则允许简单命题自身联结在一起，形成复合命题（compound proposition）。其中一个联结词是"如果"，由此产生一个条件命题。他们在他们的逻辑模式中还引入了其他联结词，即"或者"和"并且"。由"或者"联结而成的命题被称为选言命题（disjunctive proposition），又称析取命题；由"并且"联结而成的命题被称为联言命题（conjunctive proposition），又称合取命题。

---

[1] 威廉·涅尔，玛莎·涅尔，《逻辑的发展》（1962），第128页。

选言命题

"或者"一词在日常使用中有两种不同的意思,我们通常要根据上下文来理解说话人的意图。下面将对"或者"的意思进行一些比较。咖啡或者茶?(不是两者都有。)奶油或者糖?(这两者都可以。)那位先生是你丈夫还是你男朋友?(他不能既是你的丈夫又是你的男朋友。)你在过来还是离开的路上?(你不能既在赶来的途中又在离开的路上。)你会弹吉他或班卓琴吗?(你可以既会弹吉他又会弹班卓琴。)我的数学或历史成绩将会获得 A。(我可能数学和历史成绩同时获得 A。)[1]

目前,在逻辑学中,"或者"的意思是"要么……要么……或者两者都",但逻辑学家们并不是一直这样定义"或者"的。斯多葛学派的逻辑使用了具有不相容性(exclusive)

---

[1] 虽然"或"命题"我的数学或历史成绩将会获得 A"很容易被翻译成"我的数学成绩将会获得 A 或我的历史成绩将会获得 A"。此外,我们讨论的不是问题而是复杂的命题。然而,我们在命题中会发现同样的解释。"咖啡或者茶?"是"你要咖啡还是要茶?"的缩写,"我给你煮咖啡或者茶"是"我给你煮咖啡或者我给你煮茶"的缩写。我可能指的不是咖啡和茶二者。一些例子来自:鲁本·赫什(Reuben Hersh),《数学语言与日常用语》("Math lingo vs. plain English: Double entrendre"),《美国数学月刊》(*The American Mathematical Monthly*),1997 年,第 104 卷,第 48—51 页。

的"或者",这个"或者"的意思是"要么……要么……但两者不能兼有"。事实上,他们最常在命题完全相反时使用"或者",比如,"要么是白天,要么是晚上"。[1] 19世纪,一些像乔治·布尔这样的逻辑学家更倾向于在不相容意义上使用"或者"。然而,现代逻辑经常在相容意义上使用"或者",例如,"你可能有糖或者你可能有奶油,或者两者都有""你可以寄出文件也可以发送一个电子文件,或者两者都发送一份"。在日常话语中,我们有时使用"并且/或"(and/or)来表示具有相容性的"或者",但在逻辑语言中,"或者"意味着"并且/或"。

考虑一个名为"THOG"问题的调查。在彼得·C.沃森的研究中,他发现,不相容选言推理的逻辑证明是极其困难的。[2] 在被试面前放四种图形,一个黑色菱形、一个白色菱形、一个黑色圆形和一个白色圆形,并告知被试一条规则,这条规则定义了一个新发明的术语即"THOG"。规则规定,被称为"THOG"的图形要么有特定的颜色,要么有特定的形状,但两者不可兼有。这里运用的就是具有不相容性的"或者"。当被告知黑色菱形是一个THOG,被试需要确定剩下的图形中

---

[1] 威廉·涅尔,玛莎·涅尔,《逻辑的发展》(1962),第147页。
[2] 彼得·C.沃森,《自相矛盾》,出自《思维:认知科学读本》(1977),第126页。

是否有 THOG。对于剩下的三种图形，可能得到的答案是：它必须是 THOG，它不能是 THOG，或者它可能是 THOG。任务的设计如图 7.1 所示。研究人员发现，被试很可能对其余三种形状所下的结论都是错误的。被试的结论不仅可能是错的，而且最常见的错误答案与正确答案完全相反，因为这条规则有一个内在的矛盾因素。

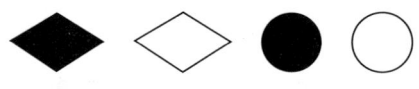

图 7.1　THOG 问题

规则：在这些图形中，每个都有一种特定的形状和特定的颜色，当且仅当某图形包括这种特定形状或者特定颜色，但不能同时包括两者时，这一图形被称为 THOG。

已知：黑色菱形是一个 THOG。对于剩下的三种图形是不是 THOG，你能做出哪些说明呢？

被试经常声称白色圆形不可能是 THOG，而白色菱形和黑色菱形要么可能是 THOG，要么一定是 THOG。正确的答案是白色圆形是 THOG，另外两个图形绝对不是 THOG。理由如下：黑色菱形是 THOG，要么是因为它是黑色的，要么是因为它是菱形，但不是同时因为其形状和颜色而成为 THOG。黑色菱形之所以是 THOG，要么因为它是菱形但不是白色的，要么因为它是黑色的但不是圆形。另一个 THOG 要么不是白色菱形，要么不是黑色圆形。而白色圆形正好满足这两种可能性。其余两种图形都不是 THOG。如果"菱形"是 THOG 的特征，那么"白色"一定是规定的颜色。白色菱形不可能是 THOG，因为它同时符合规则设定的形状和颜色。黑色圆形不可能是 THOG，因为它在形状和颜色两方面都不符合条件。如果"圆形"是 THOG 的特征，那么规则规定的颜色必须是"黑色"。在这种情况下，黑色圆形因为满足两个条件而不是 THOG，白色菱形因为不满足任何条件而不是 THOG。显然，尽管析取词的定义和实验说明中一样清楚，但这种推理也是极其棘手的。

联言命题

斯多葛学派为合取的联结词"并且"下了定义，这个定义和我们今天对"并且"的定义一样。在逻辑学以及在我们日常对语言的使用中，"并且"意味着"两者都"。例如，"你必须带一个有照片的身份证，并且你必须回答一些关于你行李的问题"，这意味着这两个要求都要得到满足。命题的缩写本身是十分常见的。例如，"菲尔和黛安娜都是优秀的老师"是"菲尔是一名优秀的老师，黛安娜是一名优秀的老师"这句话的缩写形式。"并且"可以轻松地联结两个项来代替两个命题，因为这些命题是明确的，而且转换起来很容易。然而，"菲尔和黛安娜组成了一个高效的团队"这句话就不允许进行类似的转换，因此，这句话被视为一个简单命题，而不是一个复合命题。[1]

"并且"语句比"或者"语句更容易理解。事实上，"并且"语句是最容易理解的，其次是"或者"语句。同时涉及"并且"和"或者"的概念是最容易产生问题的。[2] 在后一种情况下，我们必须非常清晰地使用语言。你如何理解"西尔维斯特（Sylvester）很刻薄并且斯派克（Spike）很懒或者崔弟（Tweety-bird）很聪明"？这句话本身就是模糊不清的。这可能意味着西尔维斯特很刻薄，要么斯派克很懒，要么崔弟很聪明。另一方面，这可能意味着要么西尔维斯特刻薄、斯派克很懒，要么崔弟很聪明。像这样的句子，因解释方式的不同会呈现出不同的含义，我们称之为含混不清（amphiboly）。我们应

---

[1] 菲利普·约翰逊-莱尔德，《演绎模式》，出自：雷切尔·J. 法尔马根编，《推理：儿童和成人中的表达与过程》（1975）。

[2] 丹尼尔·奥舍森，《逻辑与逻辑思维模式》，出自：雷切尔·J. 法尔马根编，《推理：儿童和成人中的表达与过程》（1975），第 85 页；彼得·C. 沃森，菲利普·约翰逊-莱尔德，《推理心理学》（1972），第 71 页。回想一下第一章中的实验的困难，其中涉及双条件句内部析取——如果一个符号要么有我正在想着的颜色，要么有我正在想着的形状，或者二者都有，那么我接受它，否则我拒绝它。

应该尽最大努力避免这种情况出现。

例如，注意以下例子中每个复合命题的细致的措辞。这个题目摘自美国研究生入学考试实践通用能力测试。在这里，考生会被问到这样的问题："下列哪种房屋风格必须位于与仅有S，T，W，X和Z风格的街区相邻的街区上？"选项是Q，R，S，W，X。

> 开发商计划在一块空地上建造一个住宅区。这个住宅区一共有Q，R，S，T，W，X，Z七种不同风格的房子。该住宅区将包含多个街区，开发商计划，每个街区至少要建造三种不同风格的房屋。
>
> 开发商将按照以下规则建造住宅区：
>
> 任何有Z风格的街区也必须有W风格。
>
> 与有风格S和风格X的街区相邻的任何街区都必须有风格T和风格Z。
>
> 没有一个有风格T或风格W的街区与有风格R和风格Z的街区相邻。
>
> 没有街区可以同时有风格S和风格Q。

（来源：美国研究生入学考试实践通用能力测试，1997。经美国教育考试服务中心授权使用。）

让我们一步一步来进行推理。因为给定的街区有一个 S 和一个 X，所以相邻的街区必须有一个 T 和一个 Z。任何有 Z 的街区都必须有一个 W。因此，任何与开发商指定的街区相邻的街区都必须有一个 T，Z 和 W。而 W 是答案列表中唯一的一种风格，所以正确的答案一定是 W。

据古代文献记载，斯多葛学派的创始人克利西波斯（Chrysippus，约前 279—约前 206）和他的追随者对统计复合命题的数量很感兴趣，这些复合命题由逻辑联结词联结简单命题构成。克利西波斯声称，从 10 个简单的命题中可以产生超过 100 万种联结方式。生活在公元前 2 世纪下半叶、被称为"三角学之父"的天文学家希帕克斯（Hipparchus，前 190—前 120）说，有 103,049 种肯定的情况、310,952 种否定的情况。探讨他们如何得出这些数据将是一件有趣的事情。克利西波斯和希帕克斯所说的"合取"，可能是指任何一种复合命题；可是即便如此，还是无法解释他们得出的数字。

条件命题总是可以转化为等值的选言命题。事实上，盖伦认为，带有否定先行词的条件句可以更准确地表达为选言命题。他建议用"或者"语句即"要么是白天，要么是夜晚"来代替"如果不是白天，那就是夜晚"。[1]

让我们探讨一下如何在相容的意义上使用"或者"。"如果下雨，那么我会带伞"在逻辑上等值于"要么不下雨，要么我带伞"。你可能记得，条件句的意思是"如果下雨，我一定会带伞"，但并没有说如果不下雨，我将做什么或不做什么。换句话说，只有在下雨了而我没有带伞的情况下，这个条件句是假的。因为当一个或两个选言支都为真时，选言命题就为真，"要么不下雨，要么我带伞"这个命题只有在下雨而我没带伞的情况下为假，此时，两个选言支都为假。所以，"如果 p，那么 q"总是可以被转化成"非 p 或 q"。条件句也有一个等值的联言形式，非（p 并且非 q），意思是"不是'下雨而我不带伞'"。由于我们会遇到一些难以处理的双重否定形式，所以我们还是使用原来的条件句形式。

假言三段论

斯多葛学派相比于亚里士多德三段论的进步之处在于，斯多葛学派将复合命题纳入其研究范围，"假言"指的是复合语

---

[1] 彼得·C.沃森，菲利普·约翰逊-莱尔德，《推理心理学》（1972），第 61—62 页。盖伦称这样的析取"或者"为拟析取（quasi-disjunctive）。

句, 无论是条件句、合取句还是析取句。[1] 克利西波斯提出了五个有效的推理模式。[2] 斯多葛学派的第一个基本推理模式是:

如果第一则第二, 第一; 所以第二。

这段神秘的文字的意思是:

如果第一个是真的, 那么第二个是真的。第一个是真的, 所以第二个也是真的。

斯多葛学派的三段论类似于亚里士多德的三段论, 由两个前提和一个结论构成。斯多葛学派并不像亚里士多德那样使用字母来指代命题中的支命题, 而是使用序数, 如第一和第二。我们并不清楚这些词最初是指命题中的项还是指命题本身, 但是他们解释推理规则时举的例子使用了命题。[3] 今天, 我们用它们来指代命题。在现代符号体系中, 斯多葛学派的第一个推

---

[1] 涅尔夫妇(《逻辑的发展》, 1962, 第182页)说, "假设"这个词第一次出现在盖伦的著作中。其他人用"假设"这个词的时候只是指称条件句。
[2] 这些模式被古代作家所认可: 塞克斯都·恩披里克,《著作选》(1993), R. C. 伯里英译(1993), 第I.2卷, 第157页; 第IV.8卷, 第224页。
[3] 威廉·涅尔, 玛莎·涅尔,《逻辑的发展》(1962), 第159页。

理模式（三段论）是这样的：

如果 p，那么 q。

p。

所以，q。

只要这两个前提为真，这就是一个有效的推论。"如果你在新泽西取得驾照，那么你必须通过笔试。你确实拿到了新泽西的驾照。因此，你一定通过了笔试。"这个三段论的第一个前提包含了一个有前件和后件的条件命题。第二个前提是一个简单的命题，它肯定了前件。这个正确的推论被称为肯定前件式（*modus ponens*）。成年人碰到肯定前件式时几乎从不出错。[1]

这正是最早尝试创造机器智能时所使用的推理方法。1956 年，人工智能先驱们在他们的程序"逻辑理论家"（The Logic Theorist）中使用了肯定前件的方法，"逻辑理论家"是一个旨在得出逻辑结论的程序。给定一个初始的前提列表，这些前提是真命题，这个程序可以指示计算机在列表中查找前提"如果 p，那么 q"和"p"。一旦找到这些前提，逻辑后件 q 就

---

[1] 戴维·P. 奥布兰，《条件推理的发展："如果"命题》，出自：H. W. 里斯编，《儿童发展与行为的进步（第 20 卷）》(1987)。

被推断为真，因此可以添加到真前提列表中。这个程序通过肯定前件的方式来搜索匹配项，以此扩充它的真命题列表。[1]

虽然肯定前件式论证法看起来是一种非常简单的演绎形式，但我们可以使用这种形式来建构详细的论证。想想下面这句话："如果你打扫房间、倒垃圾，然后我们可以去看电影、买爆米花。"你是否有权利期望自己应该打扫房间和倒垃圾呢？你完全有权利期望我们俩去看电影、买爆米花。这个陈述可以转化为条件式：如果 p 和 q，那么 r 和 s。其中"p 和 q"是前件，"r 和 s"是后件。利用肯定前件式，推演如下：

如果 p 和 q，那么 r 和 s。
p 和 q。
所以，r 和 s。

另一种更为复杂的肯定前件式可以使用排中律。其中一个前提即前件，通常是隐含的。任何填写过美国个人所得税申报

---

[1] 基思·德夫林（Keith Devlin）在《再见，笛卡尔》（*Goodbye, Descartes: The End of Logic and the Search for a New Cosmology of the Mind*，New York：John Wiley & Sons, Inc., 1997）一书中讲述了兰德公司的艾伦·纽厄尔（Allen Newell）、克利福德·肖（Clifford Shaw）和赫伯特·西蒙（Herbert Simon）构建的"逻辑理论家"是如何融入到创造会思考的机器的努力中的。

表的人都应该熟悉下面的例子：

如果你逐条列出你的扣除额，那么你可以在第 36 行输入附表 A 中的金额。

如果你没有详细列出你的扣除额，那么你可以在第 36 行输入你的标准扣除额。

因此，你可以在第 36 行输入来自附表 A 中的金额，也可以在第 36 行输入你的标准扣除额。

将这个三段论符号化，则类似于任何形式的三段论：

如果 p，那么 q。

如果非 p，那么 r。

所以，q 或者 r。

在上述三段论中，未说明的前提是"或者 p 或者非 p"——排中律，即"你要么逐项列出你的扣除额，要么不逐项列出你的扣除额"。当它进入我们的脑海时，我们知道前件中的一个或另一个为真，因此后件中的一个或另一个必然为真。

对个体而言，有些条件句相对容易评估，即使它们需要推理者设想大量的场景。大多数成年人会很容易地确定以下问题："如果你的彩票号码是 40、13、52、33、19 中的一个，那么你中了 100 美元。"在某些情况下，我们似乎有一种奇异的能力来捕捉相关信息。

斯多葛学派的第二个有效推理模式是：

    如果第一则第二，并非第二；所以并非第一。

在这种模式中，第二个前提否定了第一个前提的后件，这种三段论形式被称为否定后件式（*modus tollens*）假言推理。否定后件式假言推理对我们大多数人来说，是一种更难理解的三段论。

"如果火车要去希克斯维尔（Hicksville），那么它会在牙买加湾站停车。火车没有在牙买加湾站停车。"我们完全可以得出这样的结论："这辆火车不可能是去希克斯维尔的火车，因为如果是，它会在牙买加湾站停车。"无论内容如何，否定后件式的符号形式都是一样的，即：

    如果 p，那么 q。
    非 q。
    所以，非 p。

毋庸置疑的是，用否定后件式进行推理会更加困难，需要花更多的时间得出正确的答案。另一种理论认为，否定后件式的困难在于推理的方向是从 q 到 p，而不是从 p 到 q。在马丁·布雷恩的实验中，当条件句是"p，当且仅当 q"而不是"如果 p，那么 q"时，否定后件式的困难就被推翻了。无论导致困难的原因是什么，否定后件式的问题表明，这不是一种初级的一步到位的方法。事实上，成年人在否定后件式推理中表现良好，这表明，对许多人来说，否定后件式并不是一种根深蒂固的推理模式。[1]

肯定前件和否定后件的推理形式是十分普遍的，在佛教逻辑中，它们以"一致法"（Method of Agreement）和"差异法"（Method of Difference）两种论证方式出现。[2] 佛教逻辑体系是在公元六七世纪由陈那（Dignāga）和法称（Dharmakīrti）在印度创立的。这一体系是从早期正理派（Naiyāyikas）的五步三段论发展而来的，正理派主要将五步法用于与他人交流知

---

[1] 彼得·C.沃森，菲利普·约翰逊－莱尔德，《推理心理学》（1972）；马丁·D. S.布雷恩，《推理的自然逻辑与标准逻辑之间的关系》，《心理学评论》，1978年，第 85 卷；菲利普·约翰逊－莱尔德，彼得·C.沃森，《对一个推理任务的理论分析》，出自《思维：认知科学读本》（1977），第 83 页。

[2] 费多尔·伊波里托维奇·舍尔巴茨基（Fedor Ippolitovich Stcherbatsky），《佛教逻辑》(Buddhist Logic. Volumes I and II, New York: Dover Publications, 1962)。

识，而不是为了自己发现知识。陈那对这五个步骤进行了逻辑上的改革，只保留了两个步骤。肯定前件，即一致法，是一个两行三段论，第一行有一个条件句，其中包含一个示例作为证明规则合理性的方法。在第二行，肯定前件和结论结合起来：

哪里有烟，哪里就有火，例如在厨房。
这里有烟；这里一定有火。

否定后件，或者说差异法，也有类似的表述：

哪里没有火，哪里就没有烟，例如在水中。
但这里有烟；这里一定有火。

斯多葛学派的最后三个推理模式包含了合取和析取。

并非既是第一又是第二，第一；所以并非第二。
或者第一或者第二，第一；所以并非第二。
或者第一或者第二，并非第二；所以第一。

否定联结词"并非……和……二者都"（not both … and…）

的逻辑结果呈现在这些三段论的第一个中。第二个三段论定义了不相容选言推理，使我们确信斯多葛学派是在不相容性意义上使用"或者"的。最后一个三段论明确了析取的内涵——要使析取命题为真，两个析取项中必须有一个为真。

常见谬误

条件三段论中有两个经典的推理谬误。"如果 p 为真，那么 q 为真，q 为真。"我们能得出什么结论？并不能得出什么结论。一个常见的谬误就是得出"p 为真"的结论。这个谬误导致我们错误地在肯定后件的前提下肯定前件，并包含我们已经多次看到的转换错误。"如果有停车标志，那么你就停车。你停车了。"如果由此得出"有停车标志"的结论，那么就是错误的。因为导致你停车的原因可能有很多。"如果……那么……"语句中唯一涉及的必要条件是当你遇到停车标志时必然会发生的情况。肯定后件谬误是条件三段论推理中最常犯的错误之一。[1]

第二个谬误是基于转换的错误，通过否定前件导致我们错

---

[1] 盖伊·波利策，《含义解释的差异》，《美国心理学杂志》，1981 年，第 94 卷，第 3 期，第 462。

误地否定后件。[1] 给定两个前提"如果 p 为真，那么 q 为真""p 为假"，由此得出"q 为假"的结论就是错误的。例如，"如果有停车标志，那么你就停车。没有停车标志。"。同样，你什么结论也推断不出来。如果你得出"汽车没有停下来"的结论就是一种谬误。肯定后件和否定前件的谬误是根据第二个前提（"q 为真"和"p 不为真"）命名的，而不是以谬误的结论命名的。任何年龄阶段的人都容易犯这些错误。

肯定前件、否定后件、肯定后件、否定前件都是三段论的实例，前两者是有效的，后两者是无效的，它们的第一个前提都是"如果……那么……"条件句，第二个前提是一个附加的简单命题。表 7.1 将它们的结构展现了出来。

表 7.1 "如果……那么……"三段论结构

第一个前提	如果 p，那么 q			
第二个前提	P	非 p	q	非 q
结论	q	非 q	P	非 p
真假性	有效	谬误	谬误	有效
推理形式	肯定前件	否定前件	肯定后件	否定后件

为什么肯定后件、否定前件的谬误普遍存在？原因之一在

---

[1] 这种谬误也被称为换质（obversion）。

于，被试常常将条件句解释为双条件句。"如果 409 航班被取消，那么经理就不能及时到达"被误解为"如果 409 航班被取消，那么经理就不能及时到达；如果经理没有及时到达，那么 409 航班就被取消了"。人们将前件和后件视为偶然的，两者都存在或者都不存在。如果这个理论是正确的，就可以解释为什么年幼的孩子在否定后件式推理中不会遇到什么困难。通过将条件句理解为双条件句，如果不是这个错误的原因，他们就可以正确地进行否定后件式推理。没有经验的推理者们在任何地方都接受招请推理（invited inferences）[1]，无论这些推理是错误的还是有效的。然而，这一理论并不能解释成年人在否定后件式推理中面临的困难。[2]

一些研究考察了当条件解释显式或隐式地显现出来时，有效推论是否会出现得更频繁，而经典谬误是否会出现得更少。[3]

---

[1] 即一方根据不过量准则而招引对方做出的推理。——译者注
[2] 马丁·D. S. 布雷恩，《推理的自然逻辑与标准逻辑之间的关系》，《心理学评论》，1978 年，第 85 卷；马丁·D. S. 布雷恩，戴维·P. 奥布兰，《"如果"理论》，《心理学评论》，1991 年，第 98 卷，第 2 期。研究表明，最见多识广和最少见识的被试都能够正确地理解否定后件式，而对于没有受过逻辑训练的个体来说，正确理解否定后件式的能力会随着年龄的增长而下降。
[3] 芭芭拉·朗曼，杰弗里·康奈尔，马丁·D. S. 布雷恩，《对话理解过程对儿童与成人的推理谬误负有责任》，《发展心理学》，1983 年，第 19 卷，第 471—481 页；也可参见：克里斯汀·迪尔赛尔特（Kristien Dieussaert）等，《复杂条件句推理中的策略》（"Strategies during complex conditional inferences"），《思维与推理》，2000 年，第 6 卷，第 125—160 页。

为了检验在不当的招请推理被明确禁止时推理能力的差异，研究人员先让被试评估"如果 p，那么 q"这类简单的三段论，再让他们评估一个更复杂的三段论："如果 p，那么 q。如果非 p，那么 q 可能为真也可能为假。如果 q，那么 p 可能为真也可能为假"。研究人员将这两种情况进行了对比。有假设认为，如果不当的双条件句解释始终作为一种推理规则存在，那么复杂的前提似乎与该解释相矛盾。被试被给予一个附加的前提（p，非 p，q，或者非 q），并被询问结论 q（肯定前件）、q（否定前件）、p（肯定后件）或 p（否定后件）各自是否正确。实验的材料是抽象的，是一些带有数字和字母的卡片，被试的答案可以为"是的，一定是""不，不可能"和"你真的不知道"。被试接受过回答"不知道"的培训，这样他们就不会忽视这种回答方式。实验结果表明，即使以简单的条件句为前提，肯定前件式推理也被证明是简单的，并且随着条件的复杂化，两种谬误的发生率都有显著下降。[1] 这个结果明确表明，当基本推理和招请推理之间的界限分明时，可以规避错误的判断。

在另一项实验中，被试被给予一个简单的条件规则和一个

---

[1] 使用否定后件式，两个组在简单前提下都表现良好，而在扩展前提下表现下降。

更复杂的规则，在复杂的规则里附加的前提会隐式地阻止被试走向错误的推理路线。简单的规则是："如果盒子里有一只鸭子，那么盒子里有一个桃子。"复杂的规则是："如果盒子里有一头猪，那么盒子里有一个苹果。如果盒子里有一条狗，那么盒子里有一个橘子。如果盒子里有一只老虎，那么盒子里有一个橘子。"和第一个实验一样，被试需要在附加前提下评估结论的有效性。在简单的前提下，大多数被试犯了常见错误，而在复杂的前提下，他们避免了错误的推论。作者得出的结论是，当条件句"如果 p，那么 q"单独出现时，它强烈地招致了"如果非 p，那么非 q"和"如果 q，那么 p"的推论，而当条件句在日常会话如在承诺或威胁的上下文中使用时，这些推论通常是隐含的。比起"如果"的逻辑属性，我们更倾向于"会话的逻辑"。在推理的实验研究中，会话语理解的习惯以及因此而产生的传统谬误，可以通过提醒被试放弃他们对普通话语的解释而被搁置。这表明，错误的判断不能通过错误的推理来解释，而要通过我们对语言的理解即我们对"如果"定义的理解，以及我们是否专注于逻辑任务来解释。

在计算机科学中有一个有趣的相似之处。计算机 FORTRAN 语言，即公式翻译（FORmula TRANslation）的缩写,可以追溯到 1954 年。[1] 在其早期版本中,FORTRAN 语言又被称为 IF 语句,用于其指令代码中。1980 年,FORTRAN 开发人员发布了计算机语言的新版本 Fortran 77。除了其他特性外,这个版本还提供了处理 IF 语句的新方法。在此之前,FORTRAN 程序中的 IF 语句的措辞有点像英语句子中的简短条件句。"如果你按时上交所得税表,你将不会被评定为迟交报税表。"换句话说,这个条件句中没有"那么",但隐含着"那么"。随着 Fortran 77 的出现,条件句的格式变为"如果……那么……否则……"(if ... then ... else ...),这个条件句被表达为"如果你按时上交所得税表,那么你就不会被评定为迟交报税表,否则美国国内收入署(Internal Revenue Service,简称 IRS)将会评定为逾期罚款"。这一陈述当然更清楚,通过这一提醒,我们将注意到这样一个事实:当前件为真时,后件一定为真,但当前件为假时,我们可能需要让结果更加明确。无论如何,IF 语句的新格式肯定会让计算机程序员避免出现常见的错误。

---

[1] FORTRAN 最初指的是 IBM 数学公式翻译系统。

条件三段论图示

命题推理是根据命题的真假来定义的。条件句规则声明"如果 p,那么 q"为真,除非 p 为真而 q 为假。在假言推理中,已知前提"如果 p,那么 q"为真,p 为真;我们可以得出结论:q 为真。我们可以用文恩图来画出这个论证的前提,并将我们从前提中知道的任何空白区域涂上阴影。例如,"如果 p,那么 q"告诉我们没有 q 就没有 p;因此,图中任何表示 p 而没有 q 的区域都是空的,如图 7.2 所示。

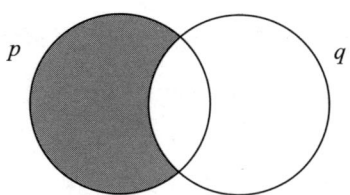

图 7.2 "如果 p,那么 q"的文恩图

要完成假言推理的前提图示,需要加入第二个前提即 p。和我们在"有的"语句中的处理方式一样,我们可以在适当的部分加上一个星号,表示 p 的存在。只剩下 p 的一部分,我们在该部分中放入一个星号,如图 7.3 所示。我们可以得出怎样

的结论呢？星号表示肯定有 q。

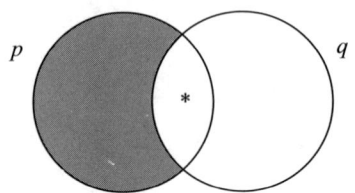

图 7.3 "如果 p，那么 q。p"的文恩图

值得注意的是，如果这些圆圈被重新标记为 S 和 P，那么图 7.2 中的图示将看起来与 A 类型的全称范畴的命题相同，"所有 S 都是 P"，这里指的是类包含，即所有 S 事物都属于 P 事物。这是有道理的，因为 A 类型的命题很容易转换成条件语句。"所有去希克斯维尔的火车都会在牙买加湾停"可以转化成"如果火车去希克斯维尔，那么它会在牙买加湾停"。

让我们检查一下我们之前讨论过的一个常见谬误。否定前件的谬误有如下前提：

如果 p，那么 q。
非 p。

用文恩图表示"如果 p，那么 q"，要将有 p 没有 q 的区域涂成阴影。对于非 p，有两种可能的图示，因为有两种截然不同的可能性来确定星号的位置。非 p 的星号可以位于 p 和 q 的外面——有点像挂在它们的外面。或者，星号表示有一些东西是非 p 可以在 p 外面，但是在 q 里面。图 7.4 的星号显示了非 p 的两种可能的场景。我们能得出星号部分一定是非 q 的结论吗？不能。在一种情况下，星号表示非 q，而在另一种情况下星号则表示 q。可能有 q，也可能没有，如果我们得出相反的结论，那就犯了否定前件的谬误。

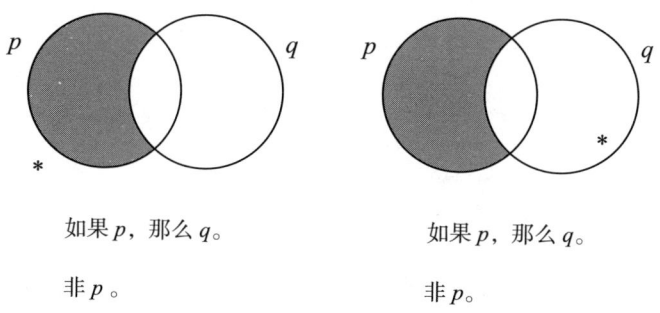

如果 p，那么 q。 　　　　如果 p，那么 q。
非 p。　　　　　　　　　　非 p。

图 7.4　表示非 p 星号可能情况的文恩图

范畴逻辑和命题逻辑都引入了关系表达式，关系表达式可以表示各种各样的困境。如果 A 坐在 B 旁边，B 坐在 C 旁边，

那么 A 坐在 C 旁边吗？如果脚骨与踝骨相连，踝骨与胫骨相连，那么脚骨与胫骨相连吗？关系表达式可用于创建关系三段论或连锁三段论。我们将在下一章探讨这些问题。

第八章

连锁三段论

一个火腿三明治比没有什么要好。

没有什么胜于永恒的幸福。

所以,一个火腿三明治胜于永恒的幸福。

——佚名

"火腿三明治"三段论当然是个笑话,但它代表着另一种类型的三段论。一个连锁三段论(series syllogism)涉及关系阶段的使用,如"比……好""比……老""比……高""是……的母亲"和"在……的旁边"。这种三段论也被称为线性三段论(linear syllogism),它们能引出一种关系推理。我们使用语言的方式,如"比……高"或"是……的父亲",让我们遵循一个论点,并接受其结论,以完成一个有效的推论。下面的例子就是这种三段论形式,它是有效的且很少使我们困惑。

休比温迪高。

温迪比塔妮莎高。

因此，休比塔妮莎高。

在"所有 A 都是 B"的前提中，主词 A 和谓词 B 之间的关系是"是"。在涉及"比……高"等关系的前提中，我们通常需要插入未说明但已理解的前提。虽然没有明确说明"温迪比休矮"，当"休比温迪高"始终为真时，反过来"温迪比休矮"也始终成立。同样，我们知道"以撒是亚伯拉罕的儿子"与"亚伯拉罕是以撒的父亲"可以相互替换。但是，上面的"比……高"的三段论结构并不适用于"是……的父亲"的三段论结构。下面的这个三段论就是无效的。

亚伯拉罕是以撒的父亲。

以撒是雅各的父亲。

因此，亚伯拉罕是雅各的父亲。

这种类型的三段论可能最早出现在盖伦医生的著作《辩证法概论》中。盖伦提出了"关系三段论"（relational syllogism）。他说，这种三段论既不符合亚里士多德的逻辑，也不符合斯多葛派的逻辑。"西昂的财产是迪奥的两倍，菲洛的财产是西昂的两倍；因此，菲洛的财产是迪奥的四倍。"盖伦还举了一个例子："索佛洛尼斯科斯（Sophroniscus）是苏格拉底的父亲；因此，苏格拉底是索佛洛尼斯科斯的儿子。"[1]

托马斯·霍布斯（Thomas Hobbes）是英国自然哲学和政治哲学的创始人，他发表于1655年的著作《哲学原理：第一部分论物体》(*Elements of Philosophy: The First Section, Concerning Body*)的第一章名为"计算或逻辑"。在这篇论述中，霍布斯举了一个诡辩的例子，具有欺骗性的谎言隐藏在三段论的形式中。这个例子还揭示了一些关系命题中固有的陷阱："手碰到了钢笔。钢笔碰到了纸。因此，手碰到了纸。"[2]这是谬误推理的典型代表，原因之一在于，读者从这两个前提中立即形成了一幅想象的图景。在形成了这种想象之后，我们必须微笑面对自己得出的荒谬结论。霍布斯解释说，这个推理中不只有表面的三个项，实际有四个项：手，触碰钢笔，钢笔，触碰纸。触碰钢笔和钢笔，二者是不等值的。

---

[1] 威廉·涅尔，玛莎·涅尔，《逻辑的发展》(1962)，第185页。
[2] 托马斯·霍布斯，《霍布斯著作选》(*Hobbes Selections*)，弗雷德里克·J. E. 伍德布里奇（Frederick J. E. Woodbridge）编（New York：Charles Scribner's Sons，1930），第V节，第11页。

手碰到了钢笔。

钢笔碰到了纸。

因此,手碰到了纸。

曾被称为"关系逻辑之父"[1]的德·摩根,在论述中引用了一本古老的谜语书中的一个谜题:

> 女修道院院长发现一位年轻的绅士经常拜访一位上了年纪的修女,便问他俩之间是什么关系。修女答道:"很亲密的关系,他的母亲是我母亲唯一的孩子。"这个回答没有给出精确的信息,但符合了女修道院院长的要求,即来访者必须在不受限制的范围内。[2]

你能弄清楚那位年轻绅士和那位修女之间的关系吗?修女用一种迂回的方式回答这个问题,或许因为她不想让爱管闲事

---

[1] 查尔斯·桑德斯·皮尔士,《论文集》,查尔斯·哈茨霍恩,保罗·韦斯编(1933),第3卷,第402页。
[2] 奥古斯都·德·摩根,《论三段论与其他逻辑著作》,彼得·希思编(1966),第213页,脚注。

的女修道院院长知道这个年轻人是她的儿子。

皮尔士在德·摩根工作的基础上，在逻辑关系的研究方面做出了很大贡献，在他的著作中包括下列这些关系例子：A被C嫁给了B，A向C称赞B，A向C中伤B，A向某个每个人都向B中伤的人称赞每个人（A praises everybody to somebody whom everybody maligns to B）。[1] 皮尔士运用代数的方法来研究关系逻辑，他定义了并（union，也称析取）、交（intersection，也称合取）、相对积（relative product）、相对和（relative sum）、补（complement，也称否定）和逆关系（converse of relatives）。

我们应当发现自己处于这样一种境地，相信事情正在远离我们不得不面对或评估的争论。让我们来考察一个美国全国性的标准化测试。1977年，美国研究生入学考试通用能力测试因增加了一项分析内容而发生重大的改变。[2] 新的内容相对于以前只包括语言上和数量上的分析而言，包括了更多推理的方面，由逻辑推理和分析推理的测试项目组成。逻辑推理测试项目通过测试一个人识别假设、分析证据、评估论点和反驳

---

[1] 查尔斯·桑德斯·皮尔士，《论文集》，查尔斯·哈茨霍恩，保罗·韦斯编（1933），第3卷，第640页。
[2] 美国教育考试服务中心表示，25年后，即2002年10月，这部分考试将被淘汰，取而代之的是分析写作考试。

论点的能力来评估批判性推理技能。分析推理项主要涉及演绎思维，主要评估参与测试者从给定的关系结构中推断信息的能力。下面的例子显示了美国教育考试服务中心（ETS）管理的美国研究生入学考试（GRE）中的此类问题。

首先来看第一个例子：

在一个游戏中，恰好有 6 个倒置的杯子并排成一条直线，每个杯子下面刚好藏着一个球。这些杯子按 1 到 6 的顺序编号。每个球都被涂上一种颜色。球的颜色有绿色、紫红色、橙色、紫色、红色和黄色。球隐藏在杯子下面并符合以下条件：

紫色球必须藏在比藏橙色球编号小的杯子下面。

红色球必须藏在紧挨着藏紫红色球的杯子下面。

绿色球必须藏在 5 号杯子下面。

问：如果紫红色球在 1 号杯子下面，下列哪些颜色的球所在的杯子一定相邻？

A. 绿色和橙色

B. 绿色和黄色

C. 紫色和红色

D. 紫色和黄色

E. 红色和黄色

（来源：美国研究生入学考试实践通用能力测试，1997。经美国教育考试服务中心授权使用。）

要分析关系表达式"在……之后"或"与……相邻"，同时，杯子的顺序涉及另一种关系。自己试试解决这个问题，然后继续读下去。如果紫红色球在1号杯子下面，那么红色球必须在2号杯子下面，红色球与紫红色球相邻。又因为绿色球在5号杯子下面，所以我们知道这六个颜色球的顺序一定是紫红色、红色、____、____、绿色、____。现在知道紫色球的编号必须比橙色球的编号小，所以紫色球必须在第三或第四的位置，要么顺序是紫红色、红色、紫色、____、绿色、____，要么是紫红色、红色、____、紫色、绿色、____。橙色球必须在编号比紫色球更大的杯子下面，所以最后可能的结果是紫红色、红色、紫色、橙色、绿色、黄色，或者紫红色、红色、紫色、黄色、绿色、橙色，或者紫红色、红色、黄色、紫色、绿色、橙色。现在来检查答案。答案B，C，D和E提供了一些可能相邻但不一定相邻的颜色组合。正确答案是A。绿色和橙色在每个场景中都是相邻的。

再来看第二个例子。

一位农民只种五种不同的农作物——黄豆、玉米、甘蓝、豌豆和南瓜。农民每年按照以下限定种植三种农作物：

如果农民那一年种植玉米，那么他也种植黄豆。

如果农民第一年种植甘蓝，那么第二年他就不种甘蓝了。

在任何一年里，农民种植的农作物最多包括一种去年种植的农作物。

问：如果农民第一年种植黄豆、玉米和甘蓝，那么在第三年必须种植下列哪些农作物？

A. 黄豆、玉米、甘蓝

B. 黄豆、玉米、豌豆

C. 黄豆、甘蓝、豌豆

D. 黄豆、豌豆、南瓜

E. 甘蓝、豌豆、南瓜

（来源：美国研究生入学考试模拟题，1996。经美国教育考试服务中心授权使用。）

对于此题，必须对关系式"同一年""前一年"和"下一年"进行评估。美国教育考试服务中心声称，这类问题衡量的几乎是应用于所有研究领域的推理能力，而要想在这些问题上取得好成绩，无须正规的逻辑训练。你的逻辑分析能力如何？来看看能否回答上面的问题吧。我们知道，黄豆、玉米和甘蓝是在第一年种植的。因为农民不会连续两年种植甘蓝，所以第二年他不能再种植甘蓝。因为他种植玉米的时候也种植了黄豆，所以下一年他不能再种植玉米，因为他下一年种植的农作物种类与上一年种植的不能有两种是重复的。农民在第二年种植黄豆、豌豆和南瓜。那么前两年种植的农作物必须是黄豆、玉米、甘蓝，黄豆、豌豆、南瓜。

从给出的选项中，我们可以排除答案 E，因为第三年农民不能同时再种豌豆和南瓜。其他所有答案都包括黄豆。如果第三年农民再种黄豆，那么他既不能种豌豆也不能种南瓜。这就可以排除 B，C，D。剩下的只有选项 A——黄豆、玉米和甘蓝。由于 A 没有违背任何限定条件，所以第三年农民将种植选项 A 中的三种农作物。

创造心理图像和空间图像可以帮助我们进行逻辑推理。毫无疑问，我们大多数人都是通过以下三段论来创造一个心理图像，从而得出结论的：

黑球在主球的正上方。

绿球在主球的右边，它们之间有一个红球。

因此，如果我移动，使红球在我和黑球之间，那么主球在我的左边。[1]

然而，有时候仅有心理图像是不够的。如果推理者的想象力再得到一些示意图或图片的辅助，那么美国研究生入学考试中的分析推理题可能会变得更容易。在年幼的时候，使用具体的物品或物品的图片进行推理更为简单。成年人实际上不需要再画出农作物或球的图片，但仍然可以在问题中用图像或符号来表示一些层次结构，例如排列字母，在使可能的条件概念化的过程中十分有用。

关系前提可以包括空间上的包含，比如，"这位女士在房间里。这个房间在房子里。这个房子在这个城镇里"，也包括时间上的关系，比如，"晚餐在晚上。这个晚上是九月的晚上。

---

[1] 乔治·A. 米勒（George A. Miller），菲利普·约翰逊-莱尔德，《语言与感知》（*Language and Perception*，Cambridge, MA：The Belknap Press of Harvard University Press, 1976），第244页。引自：菲利普·约翰逊-莱尔德，《演绎模式》，出自：雷切尔·J. 法尔马根编，《推理：儿童和成人中的表达与过程》（1975）。

九月是秋天"。这些关系是非对称的。"这位女士在房间里"，我们对语言都有基本的了解，很少有人会错误地反过来说，"房间在女士里"。[1] 关系三段论中的一个固有难题与前提的顺序和前提中项的顺序有关。考虑以下顺序问题中的三种不同用语：[2]

1. 如果棍子 *A* 比棍子 *B* 长，比棍子 *C* 短，哪根棍子最短？

2. 如果棍子 *A* 比棍子 *B* 长，棍子 *C* 比棍子 *A* 长，哪根棍子最短？

3. 如果棍子 *B* 比棍子 *A* 短，棍子 *A* 比棍子 *C* 短，哪根棍子最短？

对于大多数人来说，例 3 中的措辞是最简单的——*B* 比 *A* 短，*A* 比 *C* 短，第一个前提的宾语是第二个前提的主语。我们由此得出结论：*B* 比 *C* 短，*B* 是最短的。端点锚定（end-

---

[1] 乔治·A. 米勒，菲利普·约翰逊－莱尔德，《语言与感知》（1976），第 244 页。引自：菲利普·约翰逊－莱尔德，《演绎模式》，出自：雷切尔·J. 法尔马根编，《推理：儿童和成人中的表达与过程》（1975）。

[2] 出自：玛丽·M. 威尔科克斯（Mary M. Wilcox），《发展之旅：逻辑、道德推理与社会视角发展指南》（*Developmental Journey: A Guide to the Development of Logical and Moral Reasoning and Social Perspective*，Nashville：Abingdon，1979）。

anchoring）原理影响了得出这一结论的容易程度；如果一个前提的语法主语而非语法宾语是结论的主词或谓词，那么这个前提就更容易理解。[1]

例 2 有点难，因为前提的顺序不是"自然的"语序，我们必须将这种语序倒过来。一旦我们将两个前提的顺序倒过来——C 比 A 长，A 比 B 长，那么 C 是第一个前提的语法主语，也是结论的逻辑主词。例 1 是最难的，因为必须将"A 比 B 长"翻译成"B 比 A 短"，或者将"A 比 C 短"翻译成"C 比 A 长"，这样才能进行清晰的比较。

心理学家彼得·C.沃森和菲利普·约翰逊－莱尔德得出结论说，三段论的困难程度各不相同。有的很简单，几秒钟就能解决；有的则极其困难，需要相当长的时间才能解决。不过，即使是最简单的直言三段论或命题三段论，也往往比三项系列问题更困难。[2]

早在将语言转化成符号，把指令输入计算机之前，一些有远见的人就预见到把命题、关系表达式甚至三段论转化成符号的好处。一旦这个想法被顺利采纳，我们就可以用数学运算来剖析逻辑论证了。

---

[1] 彼得·C.沃森，菲利普·约翰逊－莱尔德，《推理心理学》（1972），第 104—105 页。
[2] 同上，第 151 页。

第九章

表达我们思想的符号

> 现在，表达我们所有思想的文字将构成一种新的语言，这种语言能够用来写和说。
>
> ——戈特弗里德·威廉·莱布尼茨

戈特弗里德·威廉·莱布尼茨（Gottfried Wilhelm Leibniz，1646—1716）经常被描述为全能之才，他掌握多个领域的专业知识，在他所从事的任何领域都表现卓越。莱布尼茨为许多不同的学科做出了贡献，包括数学、法律、宗教、政治、形而上学、文学、历史和逻辑。他设想了一个世界，在这个世界里，所有思想都可以归结为精确的推理，所有推理都可以归结为精确的计算。[1] 14 岁时，莱布尼茨主张使用符号或图画来归约复杂的逻辑论证，他将他的符号语言理念称为一种哲学语言或普

---

[1] 莱布尼茨提到了托马斯·霍布斯的著作《哲学原理：第一部分论物体》，霍布斯在其中写道，"推理就是计算"。参见：戈特弗里德·威廉·莱布尼茨，《逻辑论文集》（*Logical Papers*），G. H. R. 帕金森（G. H. R. Parkinson）编译（Oxford: Clarendon Press, 1966）。

遍语言。通过使用一种普遍语言,个人或国家可以像解决一列数字之和的问题一样,更容易地解决争端。莱布尼茨乐观地认为:"当争论发生的时候,两个哲学家同两个计算家一样,用不着辩论,只要把笔拿在手里,坐在计算器面前,两个人面对面说:让我们来计算一下吧!"[1]

莱布尼茨想要构建人类思维的字母表,即一种普遍的表达方式,任何有智力的人都能读或说,不管他的母语是什么。1677 年,莱布尼茨说:

> 用这种语言写作的人不会犯错误,只要他们避免计算错误、非规范语言错误、拼写错误以及其他语法和结构错误。此外,这种语言还具有让无知的人闭嘴的神奇功能。[2]

他提出的这种可以让无知的人更好地沟通的方式,也许有点异想天开,但作为一个理想主义者,这一问题的复杂性从来

---

[1] 罗伯特·拉塔(Robert Latta)编译,《莱布尼茨:单子论及其他哲学著作》(*Leibniz: The Monadology and Other Philosophical Writings*,Oxford:Oxford University Press,1925),第 85 页。

[2] 菲利普·P. 威纳(Philip P. Wiener)编,《莱布尼茨著作选》(*Leibniz Selection*,New York:Charles Scribner's Sons,1951),第 16 页。

没有妨碍过莱布尼茨的目标。

莱布尼茨提出用命题中的"符号数"(symbolic number)来替换命题中的每一项,最后用其他符号,可能是类似几何形状或汉字的符号,来替换命题中的每一项。作为一种转化措施,数字可以用来表示概念,因为它们是必然的和已确定的;此外,可以用数字的乘积来表示更复杂的概念。莱布尼茨举了个例子,令:2=有理性的,3=动物,然后,6=人,人=有理性的动物=2×3=6。[1] 他认为,有了这样一个系统,我们就可以确定陈述的真。在"所有人都是动物"这一命题中,我们考察了"人"是否能从"动物"中分离出来。如果"人"的符号6能被"动物"的符号3整除,则该命题成立。莱布尼茨称"理性的动物"是一个合成概念,因为它是基础概念和它们的符号数乘积的结合。这也许就是与素数(prime number)相反的现代合数(composite number)用法的起源,它意味着任何可以表示为大于1的整数的乘积的数。

莱布尼茨有很多关于普遍语言的著作,在其中的一篇中,他谈道:"整部著作由几何图形构成,就像古代埃及人和今天

---

[1] 戈特弗里德·威廉·莱布尼茨,《逻辑论文集》,G. H. R. 帕金森编译(1966)。

的中国人一样。"[1] 莱布尼茨通过与一位在中国工作的朋友的通信，对东西方文化优势融合的可能性产生了浓厚的兴趣。尽管构建人工语言这一想法的萌芽可以在勒内·笛卡尔（René Descartes）和他之前的数学家布莱士·帕斯卡（Blaise Pascal）等人的著作中找到，但莱布尼茨对这一想法的热情和远见是无与伦比的。

然而，莱布尼茨关于普遍语言的愿望在很大程度上被忽视了；同时代的科学家和数学家认为，他创造普遍语言的目标只是作为一个理想主义者的癖好。首先，当时的学者已经有了一门国际语言——拉丁语。然而，大约在19世纪中叶，拉丁语作为学术界使用的语言开始衰落。为了从拉丁教派中分离出来，为了教育那些不懂拉丁语和希腊语的人，为了促进日益增长的民族主义的发展，学者们开始用他们的母语出版他们的著作。大约从1880年开始，一直持续到第一次世界大战，几位德高望重的学者为建立一种容易掌握的国际语言做出了不懈的努力，包括沃拉普克语（Volapük）、世界语（Esperanto）、中立语（Idiom Neutral）、拉丁国际语（Interlingua）[2]、伊多语

---

[1] 戈特弗里德·威廉·莱布尼茨，《逻辑论文集》，G.H.R. 帕金森编译（1966）。
[2] 又称"Latino sine Flexione"，这是意大利数学家朱塞佩·皮亚诺（Giuseppe Peano）的主意。

（Ido）等都是他们创造最好的国际语言的努力。法国哲学家、数学家路易·古度拉特（Louis Couturat）是这一努力的主要推动者之一。[1] 古度拉特是一个具有里程碑意义的人物，他将莱布尼茨之前未发表的关于逻辑学的著作公之于众。1903 年，古度拉特出版了《莱布尼茨的逻辑》（*La Logique de Leibniz*），莱布尼茨在 200 多年前就已经写完了这本书。

也许是受中国的《周易》及其由阴阳符号组成的 64 卦的影响，莱布尼茨比他的时代早了几个世纪，发明了一套二进制算术系统。阴阳将宇宙划分为两部分——男性和女性、是和否、开和关。1679 年，莱布尼茨发明了一个二进制数和二进制算术系统。[2] 他展示了如何用 0 和 1 来表示所有数字，并在他的二进制系统中演示了乘法和加法。难以置信的是，二进制计数法在现代数字计算机中正是以这种方式使用的。位是计算机中最小的数据单位，代表二进制单位，有一个二进制值，0 或 1。一个字节通常由 8 位组成。如果你的计算机上有一个大小

---

[1] 古度拉特与伯特兰·罗素的通信最近曝光了。具有讽刺意味的是，在第一次世界大战爆发时，和平主义者古度拉特的汽车被载有动员法国军队命令的汽车冲撞，他因此丧生。

[2] 莱布尼茨在 1679 年完善了他的系统，并且当他在 1701 年被选为巴黎科学院院士时，他向巴黎科学院提交了名为"数的新科学"（*Essay d'une nouvelle science des nombres*）新的二进制数科学论文。

为 28kb 的文件，该文件包含 28kb 即 28,000 字节的数据。

莱布尼茨还发明了一种用于计算的机械装置，尽管它并没有使用二进制算术。1673 年 1 月，他向伦敦皇家学会（Royal Society of London）展示了他的计算机器，同年 4 月，莱布尼茨当选为伦敦皇家学会会员。[1] 计步器是一种记录行人行走步数的仪器。莱布尼茨说，当他第一次看到计步器时，就有了新的主意。他开发了一种类似于计步器的仪器，一种叫作阶梯式鼓形计算器（stepped drum calculator）或阶梯式轮形计算器（stepped wheel calculator）的计算机器。莱布尼茨的这个设备可以进行加、减、乘、除运算；据说，如果再完善一下，它甚至会算平方根！大多数人是在 20 世纪 60 年代末，即近 300 年后，第一次遇到带有平方根键的四功能计算器的。

莱布尼茨的主要贡献在于他的独创想法。他使用图示分析三段论的想法、认为理性的符号语言使用的字符可以像代数方程一样被处理的想法、使用二进制算术的想法以及创造一种节省劳动力的计算设备的想法，在几百年后都得到了实现，莱布

---

[1] 在以下网址上可以看到莱布尼茨阶梯式鼓形计算器的图片：http://www-history. mcs. st-andrews. ac. uk/history/Bookpages/Leibniz_machine. jpeg；http://www-history. mes. st-andrews. ac. uk/history/Bookpages/Leibniz_machine2. jpeg；彩色照片请见：http://www. hfac. uh. edu/gbrown/philosophers/leibniz/Calculator/Calculator. html.

尼茨是这些成果的先驱。从 19 世纪中叶到 20 世纪初，人们努力将逻辑归约为一种强大而简单的形式，类似于支配数学的代数系统。数学史学家埃里克·坦普尔·贝尔坚持认为，莱布尼茨和奥古斯都·德·摩根都曾梦想将逻辑加入代数领域，但真正实现这一梦想的是乔治·布尔。

自 1827 年，在此后的 40 年里，奥古斯都·德·摩根在伦敦大学学院担任数学教授，影响了许多潜力无限的数学家。他为逻辑学发展做出的主要贡献是，通过他的著作和教学，以及他与爱丁堡大学逻辑和形而上学教授威廉·汉密尔顿爵士长达 25 年的争论，重新唤起了人们对这门学科的兴趣。这场争论以汉密尔顿指控德·摩根破坏信誉、剽窃了他的研究成果为开端。在一系列的宣传册和文章中，他们狠狠地攻击对方，这场争论既不得体又令人尴尬，但德·摩根似乎很享受这一过程。据说，德·摩根十分重视他的敌人，这场争论也使德·摩根的名字和思想吸引了其他逻辑学家的注意。[1]

德·摩根将否定项（negative term）的概念和论域的概念引入到现代逻辑中。他的否定项用小写字母表示，德·摩根称它们为"对立"（contraries），这一"对立"与亚里士多德的反

---

[1] 奥古斯都·德·摩根，《论三段论与其他逻辑著作》，彼得·希思编（1966），第 x 页。

对命题不同。如果 X 代表"人",那么非 X 代表"非人",今天我们称之为补集(complement),两者共同组成了一个论域。换句话说,讨论的一切必须是"人"或"非人"。

在1850年发表的一篇关于逻辑三段论的论文中,德·摩根提到了欧拉采用的图示法,但和其他人一样,德·摩根似乎并不了解莱布尼茨在逻辑方面的工作。[1] 德·摩根提出了一种图示法,他认为这种方法在说明命题方面更高级。奇怪的是,他的图示与莱布尼茨1686年发表的论文中的线形图惊人地相似。德·摩根演示了"所有 X 都是 Y"或"每个 X 都是 Y",如图9.1所示,两条 Y 的实线说明了这两种情况。

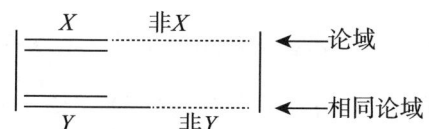

图 9.1　德·摩根表示"每个 X 都是 Y"的图示

X 线段的实线部分表示 X 事物,而线段的虚线部分表示非 X 事物。在 Y 线段中也是如此,但德·摩根在这里进一步说明

---

[1] 德·摩根还提到了约翰·兰伯特(Johann Lambert)的图示法。对莱布尼茨的疏忽可能部分是由于英国和欧洲大陆数学家在牛顿和莱布尼茨微积分的优先权问题上的分歧。

了两种可能导致困惑的情况：X事物可以构成所有Y（因此是与X线段长度相同的实线段），或者只是一些Y（较长的实线段）。德·摩根接着提出了一个更复杂的涉及析取命题的例子，"有的事物既不是X也不是Y"，如图 9.2 所示。

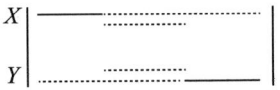

图 9.2 德·摩根表示"有的事物既不是X也不是Y"的图示

毫无疑问，德·摩根认为数学定律可以应用于逻辑中。他说："逻辑学考虑的是思维活动的规律，数学把这些思维规律应用于必要的思维活动。教育的领导者们认识到逻辑的价值、数学的价值、逻辑在数学中的价值、数学在逻辑中的价值，一个时代的人才会崛起。"[1] 在这方面，德·摩根受到了天才乔治·布尔的影响，乔治·布尔的才华和创造力最早得到了德·摩根的鼓励和认可。

---

[1] 奥古斯都·德·摩根，《论三段论与其他逻辑著作》，彼得·希思编（1966），第 184 页，脚注。

莱布尼茨梦想成真：布尔逻辑

受限于国立学校的教育，乔治·布尔的数学知识主要是自学的。布尔的密友兼导师德·摩根与备受尊敬的威廉·汉密尔顿爵士之间的公开论战，重新激发了他对逻辑的兴趣。布尔认为德·摩根是对的，汉密尔顿是错的。1847年，这场争论促使他出版了一本名为"逻辑的数学分析"（*Mathematical Analysis of Logic*）的短篇著作。当时，英国学派的数学家们正在进行一场代数革命。由于认识到代数系统不需要与"数字"有任何关系，他们将代数思想延伸到其他目标上。德·摩根很快意识到，布尔的综合能力是其他任何人所没有的，布尔的分析以一种与纯数学一样严谨和精确的形式展示了逻辑思维的规律。[1] 莱布尼茨和德·摩根看到了代数和逻辑之间的联系，但布尔创建了符号代数逻辑的定律，这是一种数学逻辑。布尔代数系统的定律出奇地简单，简单到可以通过计算机的电脉冲进行传输。在这一系统中，逻辑已被归约成一种极其简单的代数，后来被称为布尔代数（Boolean algebra）。

在接下来的几年里，布尔发展和完善了他的逻辑代数，

---

[1] 罗伯特·哈利，《斯坦霍普演示器》，《心灵》杂志，1879年，第4卷，第192—210页。

并在 1854 年出版了他的杰作《思维规律的研究：逻辑与概率数学理论的基础》(*An Investigation of the Laws of Thought, on Which Are Founded the Mathematical Theories of Logic and Probabilities*)。布尔所说的变量代表类，但我们不需要详细说明类中有什么。它们可以是事物、思想、数字、几何对象或命题的类。布尔介绍了全类（universe class），类似于德·摩根的论域，所有事物都被包含在内，用数字 1——正在讨论的事物的 100%——表示，空类中没有任何事物，用数字 0——正在讨论的事物的 0%——表示。[1] 如果 X 和 Y 是类，则 $X = Y$ 表示这两类具有相同的成员。

此外，我们还可以定义类之间的基本运算。由 $1-X$ 定义的类是去掉 X 后全集中所剩东西的类，也就是非 X 的类。逻辑合取，X 和 Y，后来被称为逻辑积（logic product），用符号来表示则是 $X \times Y$ 或 XY。XY 由同时属于 X 类和 Y 类的东西组成，也称为交集或重叠。如果 X 代表黄色的东西，Y 代表毛茸茸的东西，那么 XY 就代表黄色的毛茸茸的东西。一个直接的结果是，不管类 X 表示什么，逻辑积 $1X$ 等于 X，这意味着同时属于全类和 X 类的东西所组成的类等于 X 类。第二个结果是，不管 X 的内容是什么，$0X=0$，这意味着同时属于空类和 X 类的东

---

[1] 也称为空集（empty set，null set）。

西所组成的类等于空类。逻辑积 $1X=X$，$0X=0$，这像代数一样引人注目。但二者不同的是，在布尔代数中，$XX=X$。无论如何，X 和 X 的元素都是 X 的元素是有其意义的。逻辑析取被定义为逻辑和，$X+Y$ 的意思是 X 或 Y，也被称为 X 和 Y 的并集。[1] 这给予初学代数的学生另外两条相当不和谐的规则：1+1=1，因为所有事物和所有事物的并集只等于所有事物，这条规则发展到现代为 $X+X=X$。

排中律可以表述为一个方程：$X(1-X)=0$，意思是既属于 X 类又属于非 X 类所组成的类是空类。或者，如亚里士多德所说，同一事物不可能既存在又不存在。亚里士多德的四个直言命题用方程来表示，如表 9.1 所示。

表 9.1 布尔符号逻辑

亚里士多德命题		布尔方程
A	所有 X 是 Y。	$X(1-Y)=0$
E	没有 X 是 Y。	$XY=0$
I	有的 X 是 Y。	$XY\neq 0$ 或当 $V\neq 0$ 时，$XY=V$*
O	有的 X 不是 Y。	$X(1-Y)\neq 0$ 或当 $V\neq 0$ 时，$X(1-Y)=V$

* 布尔更喜欢把所有传统的直言命题表示为方程，而不是不等式。

---

[1] 布尔使用了不相容的"或者"，因此，在 $X+Y$ 中，X 和 Y 是不相容的或者说不相交的类（没有共同元素）。后来的逻辑学家发现，使用相容的"或者"更为便利，我们今天也是如此使用的。

此外，在布尔代数逻辑系统中，我们允许符号 x, y 等取 0 和 1 的值，其中 $x=1$ 表示命题 x 为真，$x=0$ 表示命题 x 为假。这被称为命题的真值，任何复杂命题的真值都可以通过遵循布尔定律的数值计算来确定。今天的数字计算机正是使用这种约定，其中，为真的语句赋值为逻辑值 1，为假的语句赋值为 0。除 1+1=1 之外，析取规则遵循加法运算规则，合取规则遵循乘法运算规则。析取、合取、条件句的规则如表 9.2 所示。这些规则规定，当且仅当两个支命题都为假时，析取为假；当且仅当两个支命题都为真时，合取为真；当且仅当前提为真，结论为假时，条件命题为假。

表 9.2　计算真值的规则

析取	合取	条件句
1+1=1	1×1=1	如果 1，那么 1=1
1+0=1	1×0=0	如果 1，那么 0=0
0+1=1	0×1=0	如果 0，那么 1=1
0+0=0	0×0=0	如果 0，那么 0=1

有两条规则是布尔符号逻辑定律的重要补充，这两条规则创造了析取和合取之间的对偶性（duality）。这两条规则就是 19 世纪被重新发现的"德·摩根定律"，实际上，这些规则

在很早之前就为人所熟悉。它们在14世纪早期奥卡姆的威廉（William of Ockham）的作品中也能找到。

奥卡姆因奥卡姆剃刀原理（Ockham's Razor）而闻名。这个原理指出，无须增加不必要的假设来解释一种现象，换句话说，在其他条件相同的情况下，假设最少的理论是最好的。[1]有人指出，斯多葛学派在构建推理模式时，一定意识到了逻辑否定和析取、合取之间的这种联系。德·摩根本人将这些规则表述为："The contrary of an aggregate is the compound of the contraries of the aggregates; the contrary of a compound is the aggregate of the contraries of the components"，也就是说，析取的否定是析取的否定项的合取，而合取的否定是合取的否定项的析取。[2]因此，非（X 或 Y）等于非 X 且非 Y。例如，"你不是游泳运动员或高尔夫球手"，我们通常会说"你既不是游泳运动员也不是高尔夫球手"，这和"你不是游泳运动员，也不是高尔夫球手"的表述是等值的。第二个法则是非（X

---

[1] 此外，德·摩根的规则是由阿诺德·盖伦克斯（Arnold Geulincx）推导出来的，并被收入他的书中，这是一个17世纪的流行文本。参见：威廉·涅尔，玛莎·涅尔，《逻辑的发展》（1962），第314—315页。

[2] 奥古斯都·德·摩根，《论三段论与其他逻辑著作》，彼得·希思编（1966），第119页。

且 Y）等于非 X 或非 Y，例如，"你并非既是小号演奏者又是长号演奏者"等值于"你不是小号演奏者或者你不是长号演奏者"。

1860 年，德·摩根编写的逻辑学条目被列入英语百科全书，该条目说明了布尔对代数与逻辑的融合。德·摩根在该条目中举例说明了代数变换如何被用来表明"既不是 A 也不是 B 是不可能的"在逻辑上等值于"一切事物不是 A 就是 B，或者两者都是"。如下所示：

> 以 A 和 B 来表示两个思想对象。1 代表全类，即所有事物都存在的类；0 代表不可能，即不存在的东西。"="代表同一性。$A+B$ 表示同时包含 A 和 B 的类，如果有被计算两次的对象，则用公共部分来表示；$A-B$ 表示提取 B 之后，A 的剩余部分。AB 表示 A 和 B 之间的公共部分。$1-A$ 和 $1-B$ 代表所有非 A 和所有非 B，既非 A 又非 B 的空集由 $(1-A)(1-B)=0$ 表示。根据代数的一般规则，可以将这个式子转化为：$A+B-AB=1$。[1]

---

[1] 奥古斯都·德·摩根，《论三段论与其他逻辑著作》，彼得·希思编（1966），第 255 页。

这小段文字引发了研究者对乔治·布尔著作的兴趣。由于词条是为外行读者编写的，尝试理解它并欣赏逻辑与代数操作的融合，是一件十分有趣的事情。A 和 B 是布尔的类。$A+B$ 表示 A 或 B，或者两者都有；$A-B$ 表示当所有 B 类的东西都从 A 类中移除时，还剩下的部分；AB 表示同时是 A 和 B 的那类东西。非 A 可以表示为 $1-A$，非 B 可以表示为 $1-B$。既非 A 又非 B 的空集由 $(1-A)(1-B)=0$ 表示。就像在代数中一样，左边的逻辑积可以精确地乘出来，$(1-A)(1-B)=0$ 可以转化为 $1-A-B+AB=0$。再做一次代数运算，我们就可以得到 $1=A+B-AB$，它告诉我们，所有东西要么是 A 要么是 B，要么两者都是，因为公共部分 AB 被计算了两次，所以我们要减去一次 AB。

布尔的数学生涯开始得晚但结束得早；他于 1864 年去世，享年 49 岁。在接下来的半个世纪里，布尔的理论得到了微调与完善。德·摩根和威廉·斯坦利·杰文斯（William Stanley Jevons）在英国继续完善布尔的工作，查尔斯·桑德斯·皮尔士和他的同事在美国继续完善布尔的工作。[1] 德国数学家、逻辑学家戈特洛布·弗雷格（Gottlob Frege）于 1879 年发表了《概念文字》(*Begriffsschrift*)，意大利数学家朱塞佩·皮亚诺（Giuseppe Peano）于 1894 年发表了《逻辑符号》(*Notations de Logique*)，将逻辑与集合、数字结合起来。[2] 皮亚诺使用了联结符——非、或、与、蕴涵、当且仅当，这些符号与今天使用的符号几乎相同。通过弗雷格、皮尔士和皮亚诺的工作，逻辑领域，包括命题演算和关系式，得到了更加广泛的发展，这就是所谓的谓词演算（predicate calculus）。

伯特兰·罗素和阿尔弗雷德·诺斯·怀特海（Alfred North Whitehead）在其 1910 年的著作《数学原理》(*Principia*

---

[1] 皮尔士分别介绍了指数和求和符号（$\sum$），以及逻辑加法和逻辑乘法中的积的符号（$\prod$）。他认为，在逻辑代数中使用指数应当归功于他的学生米切尔先生（Mr. Mitchell）。$\sum$ 表示"一些"，所以 $\sum_i x_i$ 表示 x 至少对 i 表示的某些个体而言是正确的。换句话说，x_1 为真，x_2 为真，x_3 为真，等等。$\prod$ 的意思是"全部"，$\prod x_i$ 的意思是 x 对所有个体都成立；也就是说，x_1 为真，x_2 为真，x_3 为真，以此类推。例如，如果 ℓ_{ij} 的意思是 i 喜欢 j，ℓ_{ii} 的意思是 i 喜欢他自己，所以，$\prod_i \sum_j \ell_{ij} = (\ell_{11} + \ell_{12} + \ell_{13} + ...) \cdot (\ell_{21} + \ell_{22} + \ell_{23} + ...) \cdot (...)$ 的意思是所有人都喜欢某人，但是，$\sum_i \prod_j \ell_{ij} = \ell_{11} \cdot \ell_{21} \cdot \ell_{31} \cdot ... + \ell_{12} \cdot \ell_{22} \cdot \ell_{32} \cdot ... + ...$ 的意思是某人被所有人所喜欢。参见：查尔斯·桑德斯·皮尔士，《论文集》，查尔斯·哈茨霍恩，保罗·韦斯编（1933），第 3 卷，第 393 页，第 498—502 页。

[2] 侯世达，《哥德尔、艾舍尔、巴赫》(1979)。

Mathematica）中推广了布尔的思想。罗素和怀特海的这部大作试图利用谓词演算的基本定律推导出所有数学运算。1926 年，德国数学家戴维·希尔伯特（David Hilbert）精简了罗素和怀特海的工作，在《关于无穷》（Uber das Unendliche）一书中提出了"形式系统"（formal system）概念。[1] 有些符号已经成为标准符号，而另一些则取决于作者所遵循的惯例。表 9.3 说明了逻辑中使用的一些不同符号。

表 9.3　逻辑符号

运算	皮亚诺-罗素	希尔伯特	变种
非	$\sim p$	$\overline{p}$	$\neg p, \bar{p}$
合取	$p \cdot q$	$p \& q$	$pq, p \wedge q$
析取	$p \vee q$	$p \vee q$	pq
条件句	$p \supset q$	$p \to q$	$p < q$
双条件句	$p \equiv q$	$p \sim q$	$p \leftrightarrow q$

正如亚里士多德试图通过将所有有效三段论都归约为"Barbara"或"Celarent"以简化自己的体系一样，也有人试图发明新的符号来归约或简化旧有符号。对于复杂命题而言，解决模棱两可谬误必须要用到括号。例如，"A 和 B 或 C"的意

---

[1] 鲁迪·拉克，《思维工具》（1987）。

思是"A 和（B 或 C）"还是"（A 和 B）或 C"？如果运算顺序已经确定，那么括号就没有那么重要了，但是需要更多的规则来对此进行说明。[1] 1913 年，哈佛大学教授亨利·M. 谢弗（Henry M. Sheffer）发明了一个符号"|"，它可以完成所有运算：非、合取、析取、条件句和双条件句。这个符号被称为"谢弗竖"，每一个逻辑命题都可以用这个符号来表达。[2] 谢弗认为，$p|q$ 的意思为既不是 p 也不是 q，在皮亚诺-罗素符号中表示为 ~（$p \vee q$）。然而，当我们为了归约而删减符号的数量时，事情会变得异常复杂。一个简单的析取"p 或 q"可以表示为 $p \vee q$，用谢弗竖来表示则是 $p|q|p|q$。双条件句"如果 p，那么 q 和如果 q，那么 p"也可以表示为"p 当且仅当 q"，通常符号化为 $p \leftrightarrow q$，如果用谢弗竖来表示这个双条件句就相当复杂，应该表示为 $p\ |p|q|q|p$。

谢弗竖是数字电子学的一个组成部分，现在常用"并非二者"（not both）来表示这一竖线，而不是"既非……也非……"

---

[1] 确定的顺序规则有：否定符号只应用于它的直接跟随者；操作以此顺序进行：合取、析取、条件句和双条件句。
[2] 谢弗称此运算为"否决"（rejection），参见：亨利·M. 谢弗，《布尔代数的五个独立公设的集合》（"A set of five independent postulates for Boolean algebras, with application to logical constants"），《美国数学会汇刊》（*Transactions of the American Mathematical Society*），1913 年，第 14 卷，第 4 期，第 481—488 页。

（neither/nor）。谢弗本人认为，这种解释是一种替代解释，因为合取和析取具有双重性质。在电路设计中，谢弗竖运算被称为"NAND"，代表"Not AND"，而 NOR 运算的符号被称为皮尔士箭头（Peirce arrow）。今天，NAND 或 NOR 运算经常被用来模拟电子设备的电路系统。

早在 1936 年，布尔代数就被用于分析电子通信工程中的开关和继电器电路（relay circuit）。今天，计算机自身就是使用逻辑规则来指导其电路和网络的运行的。"开"类似于肯定一个真命题，"关"类似于对同一命题的否定。两个串联开关就像两个命题的合取，两个开关都必须是开，而并联开关就像命题的析取，一个或另一个必须是开。除了电力系统，布尔代数还可以应用于任何系统，在这些系统中，能量通过能打开或关闭光束、声波、流体控制系统甚至气味的管道来传输。[1]

今天，所有学习计算机科学的学生都要学习布尔逻辑。事实上，许多计算机搜索系统都在使用布尔逻辑。布尔的著作早在第一台现代计算机问世之前就出版了，这些著作引发人们进行了几次著名的尝试，尝试创造出能够运用逻辑的机器。既然不考虑推理的主题，也可以遵循逻辑定律，那么为什么机器不能执行布尔代数逻辑的数学运算呢？下面让我们仔细来看看逻辑机器。

---

[1] 马丁·加德纳，《逻辑机器与图形》（1982），第 127 页。

第十章

逻辑机器与真值表

> 所有推理机器的奥秘终究都是简单的。这就是说,对其进行推理的对象之间的任何关系都注定是推理的关键,同样的普遍关系必须能够引进到机器的组成部分之间。
>
> ——查尔斯·桑德斯·皮尔士

推理机器

通过乔治·布尔的工作,逻辑得到了重生,他的工作中有几次著名的尝试,试图使冗长的三段论分析这一烦琐的工作机械化。英国逻辑学家、哲学家和经济学家威廉·斯坦利·杰文斯是德·摩根教授的众多忠实的学生之一,他在 1869 年制造了一台相当著名的逻辑机器,引起了当时逻辑学家们的注意。[1]

---

[1] 威廉·斯坦利·杰文斯,《论逻辑推理的机器演算》("On the mechanical performance of logical inference"),《皇家学会哲学学报》(*Philosophical Transactions of the Royal Society*),1870 年,第 160 卷,第 497—518 页。

事实上，早在 50 多年前，英国政治家、发明家查尔斯·斯坦霍普伯爵就在杰文斯之前为这项工作展开了努力。斯坦霍普的装置——斯坦霍普演示器，使用了彩色的滑动板，人们可以根据三段论的前提将其移动到狭槽中。这个装置相当简单，只能处理三个项，但却允许谓词的量化，甚至可以在数字上确定三段论。[1] 杰文斯不可能知道斯坦霍普的作品，因为人们都知道斯坦霍普极其神秘，他沉迷于思考"某些混蛋的模仿"可能会先于他的计划出版。不幸的是，斯坦霍普在发表有关演示器的消息之前就去世了。从一些信件中收集到的信息来看，斯坦霍普演示器在 1879 年被曝光，也就是斯坦霍普去世 63 年后。[2]

杰文斯的逻辑机器，被他自己称为"分析机"（analytic engine），这是第一台能够比专家更快地解答复杂三段论的处理机。和德·摩根一样，杰文斯也是少数几个认识到布尔在代数逻辑方面具有开创性成就的英国逻辑学家之一。杰文斯认为他的机器是布尔《思维规律的研究》一书的机械化实例；此外，他著名的机械装置为后来的发明创造建立了一个原型。[3] 这台

---

[1] "在数字上确定"（numerically definite）指的是，"有的"具有一个数字或者一个百分比。

[2] 罗伯特·哈利，《斯坦霍普演示器》，《心灵》杂志，1879 年，第 4 卷。

[3] 威廉·斯坦利·杰文斯，《论逻辑推理的机器演算》，《皇家学会哲学学报》，1870 年，第 160 卷，第 497—518 页；马丁·加德纳，《逻辑机器与图形》（1982），第 91—92 页。

逻辑机器大约有 1 米高，有时被称为"逻辑钢琴"，很像一架直立的钢琴。现代历史学家认为这个装置像一台收银机，确实有点像。[1] 像钢琴的琴键一样，这台机器有 21 个键，它们提供了一种像方程式一样键入前提的方法。这台逻辑机器以杰文斯的项的组合方法为基础，能够处理包含四个项及其否定项的三段论，以及所有项之间的逻辑组合。这台机器的原理不是输入前提后输出结论，而是在排除所有矛盾命题后，再从前提中列出所有可能的结论。使用者必须对可能的结论进行检查，并淘汰不合适的结论；如果还有剩下的，那就是恰当的结论。1870 年，杰文斯在伦敦皇家学会的一次会议上展示了这架"逻辑钢琴"，在这次会议上，这台机器成功地引发了人们对布尔符号系统价值的关注，及对"思维机械化"的可能性的关注。

杰文斯称他的项组合系统为用来表示组合逻辑（combinational logic）的前提，他把逻辑字母表组合的详尽索引称为逻辑标本室（Logic Abecedarium）。[2] 杰文斯甚至计算了

---

[1] 威廉·涅尔，玛莎·涅尔，《逻辑的发展》（1962）。

[2] 逻辑标本室是真值表的前身。W. 梅斯（W. Mays）和 D. P. 亨利（D. P. Henry）指出，在 1874 年，杰文斯分别考虑了用 1 或 0 来表示项的存在和不存在的可能性。他关于在这种情况下使用二进制计数法的观点是预言性的。参见：W. 梅斯，D. P. 亨利，《杰文斯和逻辑》（"Jevons and logic"），《心灵》杂志，1953 年 10 月，第 62 卷，第 484—505 页。

包含五个项的完整索引所需的空间量。每一页显示 64 个条目，每一卷包含 1024 页，索引需要 65,536 卷。他的计算让人想起数千年前克利西波斯和希帕克斯所做的计算。在当时，这些数字看起来是惊人的，但现代计算机的存储设备可以轻松地处理它们。

早在 1863 年，杰文斯就发明了一种逻辑石板（Logical Slate），逻辑石板由一部永久地雕刻在普通石板上的完整的逻辑标本室构成。杰文斯还提出了几种减轻劳动量的方法，比如，创建逻辑字母表的橡皮图章，从而消除了每次都要写下所有组合的烦恼。在课堂教学中，杰文斯偏爱他发明的一个叫作逻辑算盘（Logical Abacus）的设备，在这种设备中，逻辑标本室的组合被写在可移动的木条上，用户手动分析三段论，其操作过程与他的机器类似。[1]

杰文斯的方法实际上在文恩的图示法之前就已经提出，但文恩认为，他的图示分析要比杰文斯的方法容易得多。1880 年，文恩提出了他的五项图的拼图版本，32 格中的每一格都由一块拼图表示，当可能性被排除时，拼图将被移除。

---

[1] 威廉·斯坦利·杰文斯，《论逻辑推理的机器演算》，《皇家学会哲学学报》，1870 年，第 160 卷，第 497—518 页；W. 梅斯，D. P. 亨利，《杰文斯和逻辑》，《心灵》杂志，1953 年 10 月，第 62 卷，第 484—505 页。

此外，他还设计了他所谓的"逻辑图机"（logical-diagram machine），这是一个三维版本的拼图，由四个重叠椭圆圆柱体组成。[1] 尽管杰文斯和文恩在图示和机器哪个更简单的观点上存在争论，但显然，他们都打算用自己的贡献来阐明布尔系统的卓越之处。他们的贡献只是锦上添花，因为乔治·布尔在他 1847 年和 1854 年写的两本书中已经完成了大量的工作。

1881 年，美国人艾伦·马昆德创造了一台逻辑图机，是杰文斯机器的升级版。马昆德逻辑机体积较小，减少了键的数量，它的杆、弹簧和杠杆系统都比以前的机制精细得多。[2] 马昆德的重叠矩形逻辑图与仪器的控制面板十分相似。

虽然马昆德的设备与杰文斯的机器执行相同的操作，但马昆德觉得他的设备可以很轻松地解决更大的问题。[3] 杰文斯

---

[1] 约翰·文恩，《论命题和推理的图示和机械表示》《伦敦、爱丁堡、都柏林哲学杂志和科学期刊》，1880 年，第 9 卷，第 59 期，第 1—18 页。他设计的一幅图可以在第 17 页找到。

[2] 马丁·加德纳说，马昆德机器是一种"由羊肠线联结的杆和杠杆，以及小销钉和螺旋弹簧的巧妙安排"。参见：马丁·加德纳，《逻辑机器与图形》（1982），第 107 页。

[3] 艾伦·马昆德，《一种新的逻辑机器》（"A new logical machine"），《美国科学院院刊》（*Proceedings of the American Academy of Sciences*），1885 年，第 21 卷，第 303 页。

和马昆德都使用了德·摩根的否定项，将之输入他们的机器中。有趣的是，在马昆德的机器中，三段论的整个前提必须以否定的形式输入。然后，他的机器排除了任何否定前提的结论，因为这些结论与前提相矛盾。1885年，马昆德在为《美国科学院院刊》撰写的一篇文章中描述了他的机器，并附上了照片。[1] $A<B$ 表示"如果 A，那么 B"，或"每个 A 都是 B"，或"A 类包含在 B 类中"。马昆德解释说，当我们输入这个前提的否定时，$Ab<0$ 意味着"b（非 B）不存在"。

皮尔士将杰文斯和马昆德制造的逻辑机器称为米尔斯（mills），在这里，前提得到了满足，结论也得到了验证。[2] 皮尔士说：

> 有多少思考工作是一台机器能够完成的呢？哪些部分必须留给人的大脑来解决呢？这个问题具有可想而知的实用性，研究这一问题至少能揭示出推理的本质。[3]

---

[1] 虽然布尔使用不相容意义上的"或者"，但马昆德把 $A+B$ 用作相容意义上的"或者"。和布尔一样，AB 表示合取。参见：艾伦·马昆德，《一种新的逻辑机器》，《美国科学院院刊》，1885年，第21卷，第303—307页。

[2] 查尔斯·桑德斯·皮尔士，《论文集》，查尔斯·哈茨霍恩，保罗·韦斯编（1887），第165页。

[3] 同上。

杰文斯和马昆德的机器虽然被用来解决十分基本的问题，但却向世界提供了一种证据，证明了使用逻辑规则的推理机器的可能性。

20世纪50年代，在马昆德的手稿中发现了一台四项电子逻辑机的接线图。这个图被认为是马昆德在1885年完成的，也许是第一个电子逻辑机的电路图。马昆德是哲学家兼哈佛大学教授皮尔士的学生。20世纪70年代初，曝光了一封非常有趣的信件，这封信就是皮尔士在1886年写给马昆德的。在信中，皮尔士建议用电力来改进马昆德的机器。皮尔斯甚至画了一个草图，详细说明了如何用电路中的串联和并联表示逻辑合取和析取。趣味数学作家马丁·加德纳说，这是"将布尔代数用来设计开关电路的第一次已知的努力！"，就像现代的电脑设计师目前所做的工作一样。

加德纳写了一本有趣的书，《逻辑机器与图形》(*Logic Machines and Diagrams*)，它记录了三段论机器的发展历程。他指出，具有讽刺意味的是，当时没有任何三段论机器真正使用逻辑来解决三段论问题。即使当仪器中引入电子联结装置时，电子联结装置也不是像今天这样通过逻辑转换来控制。三段论机器只是用电力来揭示或隐藏有效陈述或矛盾陈述的预先安排，有点像原始机械装置中的窗户和杠杆。布尔代数和开关电路之间的联系还没有建立起来，也许除了马昆德和皮尔士，还有其他可能。

到 20 世纪 30 年代，布尔代数和开关电路之间的联系得到确立，那时，已经有数百篇论文将逻辑应用于开关电路。1947 年，由哈佛大学的两个大学生威廉·伯克哈特（William Burkhart）和西奥多·A. 卡林（Theodore A. Kalin）制造的另一台逻辑机也相当有趣。二人当时正在上著名逻辑学家威拉德·冯·奥曼·蒯因的符号逻辑课程，他们创造了第一台专为命题逻辑设计的电子机器，其目的仅仅是为了完成家庭作业。卡林和伯克哈特的"逻辑真值计算器"（logical truth calculator）可以在真值表中通过隔离行来处理 12 个项。

真值表

1920 年，哥伦比亚大学波兰裔犹太移民学生埃米尔·利昂·波斯特（Emil Leon Post）在他的博士论文中提出了"真值表法"（truth table method）。至今，真值表在逻辑研究中得到广泛使用，它所使用的规则由布尔所制定，真值表展示了一个论证中所涉及的命题的真/假的所有可能组合。[1] 在前面，我们为

---

[1] 有的逻辑学家（例如蒯因）更喜欢归约方法。参见：威拉德·冯·奥曼·蒯因，《逻辑方法》（1959）。

包含两个命题的析取命题、合取命题和条件句构建了一个真值表。通过使用真值表，我们可以回答一个改编自马昆德的问题。

假设有三个女孩，安娜、伯莎和科拉，我们遵循以下规则：每当安娜或伯莎或两个人都在家，科拉就在家；伯莎不在家时，安娜也不在家；且只要科拉在家，安娜就在家。我们能判定这些女孩们个人或集体的习惯是什么吗？[1]

用 A，B 和 C 分别代表"安娜在家""伯莎在家"和"科拉在家"，我们必须根据"如果 A 或 B，那么 C；如果非 B，那么非 A；如果 C，那么 A"这些前提，判定命题 A，B，C 的真假。真值表由详尽的可能出现的真值组成。在我们的示例中，有三个简单的命题，A，B 和 C，每个命题都有两个可能的真值，即真或假。分析示例中包含三个命题规则的真值，需要表中 $2 \times 2 \times 2$ 即 8 行来反映 A，B 和 C 的所有真/假组合。所给的规则由三个复合命题组成，这些复合命题必须为真，才能使整个规则为真，因为它们之间由"并且"联结。处理第一个规则"如果 A 或 B，那么 C"，我们可以得到：

---

[1] 这个例子来自艾伦·马昆德，但是他没有使用真值表。参见：艾伦·马昆德，《一种新的逻辑机器》（1885）。

A	B	C	A 或 B	如果 A 或 B，那么 C
T	T	T	T	T
T	T	F	T	F
T	F	T	T	T
T	F	**F**	**T**	**F**
F	T	T	T	T
F	T	F	T	F
F	F	T	F	T
F	F	F	F	T

只有当 A 和 B 两者都为假时，"A 或 B" 为假，其他情况下 "A 或 B" 都为真。只有当 C 为假、"A 或 B" 为真时，"如果 A 或 B，那么 C" 才为假。上述真值表中突出显示了这些情况。既然 "如果 A 或 B，那么 C" 必须为真时，整个规则才为真，我们就可以排除 "如果 A 或 B，那么 C" 为假的任何一行。因此，我们可以删除表中的三行。

让我们添加规则的第二部分，"如果非 B，那么非 A"。不过，在此之前，我们要增添非 B 和非 A 这两列，这样分析起来就会更容易。当 B 为假时，非 B 为真，当 B 为真时，非 B 为假；非 A 和 A 之间的关系也是如此。当非 B 为真而非 A 为假时，"如果非 B，那么非 A" 就为假。

A	B	C	如果A或B,那么C	非B	非A	如果非B,那么非A
T	T	T	T	F	F	T
T	F	T	T	T	F	F
F	T	T	T	F	T	T
F	F	T	T	T	T	T
F	F	F	T	T	T	T

让我们删除"如果非B,那么非A"为假的情况,并添加规则的最后一部分"如果C,那么A",可以得出:

A	B	C	如果A或B,那么C	如果非B,那么非A	如果C,那么A
T	T	T	T	T	T
F	T	T	T	T	F
F	F	T	T	T	F
F	F	F	T	T	T

如果我们去掉"如果C,那么A"为假的几行,那么真值表中只剩下两行,在这两行中,规则的三个部分都为真。A,B和C单独为真,或组合起来为真,这些规则的真值表明了什么呢?我们可以看到,在剩下的"如果C,那么A"为真的两行中,A,B,C必须同时为真或同时为假。由此,我们可以得

出结论，如果已知的规则是正确的，那么，三个女孩要么同时在家，要么同时外出。马昆德的机器需要将前提输入到否定项中，这一点很有趣，因为这与查看真值表并消除假的场景非常相似。

真、假与或许

在我们分析马昆德关于安娜、伯莎和科拉的问题时，每个简单的或复杂的陈述要么为真，要么为假，这属于传统的逻辑体系。排中律向我们保证一个命题中必有一真，而矛盾律向我们保证任一命题不能既为真又为假。在逻辑学家的语言中，逻辑是二值的（bivalued），这意味着每个命题都是两个真值中的一个。当与经典逻辑相区分的逻辑建立起来时，命题的真值数目不再被限制在两个以内；事实上，它们可能允许一组更大的真值。

1917 年，华沙逻辑学派（Warsaw School of Logic）的联合创始人伊安·卢卡谢维茨（Jan Łukasiewicz）主张引进第三个真值，即"可能的"（possible）。著名数学家、逻辑学家阿尔弗雷德·塔尔斯基（Alfred Tarski）就是以他的理论为基础的。亚里斯多德本人也承认，推论常常来自诸如"可能所有都是……"或"有的可能是……"之类的前提。在现在被称为模态逻辑（modal logic）理论中，亚里士多德试图对三段论进行同样的系统处理，包括必然性陈述、现实性陈述和可能性陈述，但他从来没能像对待直言命题那样，为模态命题设计出一个有组织的、令人满意的系统。受以三值方式理解"可能性"（possibility）模态概念的启发，卢卡谢维茨提出了一种三值逻辑，将命题分为"真""假"或"可能"。

卢卡谢维茨提出，如果不能建立一个前提的确定性，即赋真值 1（这是必要的）或赋真值 0（这是不可能的），我们可以用真值 ½ 表示"可能"。请参见图 10.1 中的条件句和否定句的真值。[1]

⊃		那么 1	那么 ½	那么 0	否定	~
如果 1		1	½	0	非 1	0
如果 ½		1	1	½	非 ½	½
如果 0		1	1	1	非 0	1

图 10.1　卢卡谢维茨三值逻辑中条件句和否定句的真值

条件句的真值与真（1）和假（0）语句的否定值是标准逻辑中使用的值。显然，"可能"的否定不是"不可能"，而

---

[1] 威廉·涅尔，玛莎·涅尔，《逻辑的发展》(1962)，第 568 页。

是"可能不是"。举个例子,"你会中彩票"这个命题的确定性只有在未来才能知道。此时此刻,这可能是真的。这个命题的否定是"你不会中彩票",这也可能是真的。在一个三值逻辑系统中,两个命题的真值都为 ½。这两个命题的真值都是 ½,这可能看起来很奇怪,因为你不中奖的概率明显比中奖的概率大,我们稍后会来探讨这个问题。在经典逻辑中,没有一个公式等值于它自己的否定式;但是在三值逻辑中,如果 A 的值为 ½,那么非 A 的值也是 ½。因此,可以认为 A 和非 A 是等值的。引入三个真值会产生一些出乎意料的反常结果。在三值逻辑系统中,我们最基本的逻辑法则即排中律和矛盾律是无效的。

一些现代语言学家和哲学家出于不同的原因更认可三种真值。[1] 一个陈述可以是真的,也可以是假的,或者既不是真的也不是假的;当存在预设(existential presupposition)被推翻时,一个陈述被赋予三个真值。如何赋予"现在的法国国王是秃

---

[1] 例如,布雷恩提到了 E. L. 基南(E. L. Keenan)于 1973 年发表在《语言学研究》(*Linguist Inquiry*)上的论文《论基于语法的语义》("On semantically based grammar")以及 G. 莱柯夫(G. Lakoff)于 1970 年发表在《综合》(*Synthèse*)杂志上的论文《语言学与自然逻辑》("Linguistics and natural logic")。参见:马丁·D. S. 布雷恩,《推理的自然逻辑与标准逻辑之间的关系》,《心理学评论》,1978 年,第 85 卷。

头"真值？如果我们预先假定这个命题确实在谈论某件事情，那我们就错了，我们的假设将被推翻，因为法国没有国王。法国不再是君主政体。也许我们应该宣布这个命题是错误的。如果不存在法国国王，就不存在"法国国王是秃头"这一说法。然而，如果这个命题是假的，那么它的否定必须是真的。我们将被迫接受"现在的法国国王不是秃头"这一事实，我们再次发现自己陷入了困境。[1] 有些人倾向于将第三个真值赋予这类命题（既非真也非假的命题）。违反我们存在预设的陈述并不完全符合亚里士多德的框架，如何在逻辑上处理它们仍然是一个疑问。事实证明，从这些陈述中形成否定和理解条件句的真值规则存在更多的问题。

根据"斯坦福哲学百科全书"（*Stanford Encyclopedia of Philosophy*），大约在 1910 年，皮尔士开发了一种三值逻辑，但没有公布。皮尔士使用了三个符号 V、L 和 F；V 与真（1）相关，F 与假（0）相关，L 与中间值或未知值（½）相关。[2] 皮

---

[1] 这与我们之前讨论的问题在本质上是一样的——当我们谈论的集合是空集时，假设了存在预设。

[2] "斯坦福哲学百科全书"引用了马克斯·菲什（Max Fisch）和阿特韦尔·土库特（Atwell Turquette）发表于 1966 年《皮尔士学会会刊》（*Transactions of the Charles S. Peirce Society*）第 11 卷、第 71—85 页上的论文《皮尔士的三值逻辑》（"Peirce's Triadic Logic"）。

尔士定义了三种真值运算规则：否定、析取和合取，他还发明了一些运算符。其他哲学家、数学家、语言学家和心理学家也开始探索三值逻辑的实用性。第三个真值被赋予了各种各样的解释，例如，"未定义的""无意义的""未确定的"或"似是而非的"。

四值系统在计算机科学中得到了广泛的应用。[1] 1921 年，埃米尔·利昂·波斯特在《美国数学杂志》（*American Journal of Mathematics*）上发表了《基本命题通论》（"A General Theory of Elementary Propositions"），他在这篇文章中提出了许多宝贵的逻辑系统。波斯特对他的博士论文进行了概括，提出了一个在任意但有限数量的真值基础上的逻辑系统框架，而不局限于真和假这两个值。

将模态逻辑和多值逻辑结合起来的尝试，可以处理人工智能问题。在人工智能领域，科学家们正试图模拟人类思维。多值逻辑应用于语言学、在哲学中解决悖论问题、数学、硬件设计等多个方面。就像经典逻辑被用作分析由具有"开"和

---

[1] 纽尔·D. 贝尔纳普，《一种有用的四值逻辑》（"A useful four-valued logic"），出自：J. M. 邓恩（J. M. Dunn）, G. 爱泼斯坦（G. Epstein）编，《多值逻辑的现代使用》（*Modern Uses of Multiple-Valued Logic*，Dordrecht：Reidel，1977），第 8—37 页。

"关"两种状态的开关构成的电路的技术工具一样，多值逻辑可以用来分析由具有多种状态的开关构成的电路。

目前，机器可以执行许多惊人的任务，它们可以可靠地应用二值逻辑或多值逻辑的规则。然而，皮尔士在100多年前写下的这段话至今仍然奏效：

> 每台推理机器，更确切的说是每台机器，都有两个固有的弱点。第一，它缺乏创造性，缺乏能动性。这些机器找不出自己的问题，它们无法自给自足……然而，这并不是机器的缺陷；我们不希望它做自己的事，这些事情由我们来掌控。第二，机器的性能有绝对的限制；它被设计来做某件事，它自己又没有别的办法……但是，通过铅笔和纸张来工作的大脑就没有这种限制。[1]

皮尔士先生是对的。人类的创造力和能动性较机器而言有绝对优势。他们有与生俱来的优势来处理那些并非非黑即白的概念。大多数概念并非黑白分明；我们将在下一章看到，很多概念都是含混不清的。

---

[1] 查尔斯·桑德斯·皮尔士，《逻辑机器》("Logical machines")，《美国心理学杂志》，1887年11月，第1卷，第168—169页。

第十一章

模糊逻辑、谬误与悖论

> 杂乱的逻辑是普通语言和大多数人类思维的基础。
>
> ——马丁·加德纳

模糊逻辑

我们经常听到一些权威人士因他们的数据可疑或者计算可疑而被批评为"模糊数学"（fuzzy math）。在这种情况下，"模糊数学"一词贬低了数据的准确性或得出这些数据所用方法的可靠性。但是，毫无疑问，模糊逻辑（fuzzy logic）从这个意义上来说并不"模糊"。模糊逻辑是一种关于模糊概念的逻辑，并不是说这个逻辑本身是模糊的。[1]模糊化（fuzzification）会考虑到数据的不准确性、语言的含糊性以及系统固有的不确定性。二值布尔逻辑对于只具有如真或假、关或开以及黑或白两种状态的世界是足够的，但是模糊逻辑却能让我们处理灰色

---

[1] 马克·坎特罗威茨（Mark Kantrowitz）(1997)。

问题。

模糊逻辑是多值逻辑的一种扩展，它试图将真值分配给概念以处理部分真值和不确定性。一个完全真的命题将被分配为真值度 1，而完全假的命题将被分配为真值度 0。如果一个命题既不是百分之百真，也不是百分之百假，那么它将根据它的真值度得到一个介于 0 和 1 之间的值。命题越接近于完全真，其真值度越接近于 1；命题越接近于完全假，其真值度越接近于 0。有些命题比其他命题更为真实。"阿尔伯特·爱因斯坦（或曾经）是很聪明的"和"巴特·辛普森（Bart Simpson）[1] 是很聪明的"可能都是正确的说法。但是，其中一个可能比另一个更加真实。

形式逻辑中关于真的概念是清晰的（crisp），如电路的"开/关"开关。但是，可以肯定的是，绝大多数概念都是模糊的，而不是清晰的，并且，在日常思维中，我们时常熟练运用它们。如果一个概念极为模糊（extremely fuzzy），则称为含混的（vague）。马丁·加德纳举了个例子："鲍勃将在几分钟后回来"是模糊的，但"鲍勃有时会回来"是含混的。[2]

---

[1] 美国动画电视剧《辛普森一家》（*The Simpsons*）中的虚构角色，是辛普森家庭的一员。——译者注
[2] 马丁·加德纳，《逻辑机器与图形》（1982）。

在标准逻辑与集和类的隶属关系上，模糊逻辑类似于模糊集合理论的概念。"模糊逻辑"一词是在模糊集（fuzzy set）理论的发展过程中出现的，该理论由美国科学家拉特飞·扎德（Lotfi Zadeh）于 1965 年提出。模糊集理论作为一种数学方法被引入，能用于解释日常生活的不精确性。模糊集成员的特征在于该集合的隶属度（degree of membership），而模糊逻辑的命题则以其真值度（degree of truth）来表示。不是每一个命题都是绝对正确或绝对错误的，一个命题可以被判断为绝对正确、绝对错误或某个中间（intermediate）真值来代表它的真值度。

在模糊逻辑中，真值被赋予像"玛丽是高的"或"玛丽是聪明的"这样的命题。但是，一个人有多高才算"高"呢？以及一个人需要多聪明才能被认为是"聪明的"？如果我们的话语范围是"高个子"的集合，玛丽将会根据她在这个集合中的隶属程度而被分配到一个介于 0 和 1 之间的数字。1 表示完全属于这个集合，0 表示非成员。如果玛丽高 2.1 米，她就会被分到 1——毫无疑问，她是"高个子"的一员。"玛丽是高的"这个命题就是完全真的，那么我们可以使用普通布尔逻辑的规则。如果玛丽高 1.2 米，她就会得到一个 0——她不是集合中的一员。"玛丽是高的"这个命题就是假的，我们再一次回到了布尔逻辑上来。如果玛丽高 1.65 米，那么"玛丽是高的"这个命题就有一定程度的真实性，而且玛丽在高个子人群中也有一定程度的成员资格。玛丽将被分配一个 0 到 1 之间的数字，用来量化她在高个子人群中的地位。正如我们在标准逻辑中所做的那样，模糊逻辑中的复合命题可以通过参考构成命题的真值度并将符号逻辑的规则应用于联结词来进行评估。

真值度没有单一的解释，如何解释它取决于应用的领域。在洞察自然语言概念的模糊性和不精确性方面，如"高"和"聪明"，真值度可以用来衡量相似度。而早在 1704 年，莱布尼茨就曾提出用概率来衡量真值度，并评论说，亚里士多德本人也认为推论可以从概率中得出。

一些基于概率性的观点或许同样值得称为知识；否则，几乎所有历史知识和许多其他种类的知识都会沦落。我不为这些观念具体是什么而争论，但是，我认为考察概率程度将是非常重要的，我们在这方面仍然缺乏，而这种缺乏是我们逻辑的一个重大缺陷。因为当我们不能绝对地决定一个问题时，我们仍然可以从数据中确定可能性的程度，从而可以合理地判断哪一方是最有可能的。

我不止一次说过，我们应该有一种新的逻辑来处理概率的程度，因为亚里士多德在他的《论题篇》中所做的也不亚于此。[1]

概率可以用来确定隶属度，但隶属度与概率并不是等值的。模糊论专家詹姆斯·C.贝兹德克（James C. Bezdek）举了这样一个例子：你在炎热的沙漠中一周都没有喝水，现在提供给你两瓶液体。A 瓶被分配了 0.90 隶属度的饮用液体，B 瓶被分配了 0.90 的饮用可能性。你会选择喝哪瓶？0.90 的隶属度被解释为 A 瓶与最完美的饮用液体（如纯净的山泉水）的相似程度。另一边的 B 瓶在 90% 的情况下是可饮用的（10% 的情况下可能是致命的）。也许 B 瓶是从 10 瓶中随机挑选出来的，其中 9 瓶是纯净水，1 瓶是毒药。0.90 的隶属度表明了 A 瓶与 100% 纯净的相似程度，可以确保 A 瓶中的杂质很少。而另一方面，若选 B 瓶，你会有 90% 的机会得到纯净水，但是有 10% 的机会是毒药。显然，你会选择喝 A 瓶。概率与结果的可能性有关，而模糊逻辑与真值度有关，取决于对象与不精

---

[1] 菲利普·P. 威纳编，《莱布尼茨著作选》（1951），第 82、87 页。1938 年，汉斯·莱辛巴赫（Hans Reichenbach）提出过一个模态逻辑，真和假被从 0 到 1 的概率所替换。

确定义的概念之间的相似性。[1]

模糊专家系统（fuzzy expert system）是模糊逻辑最常见的应用方式，它们将模糊逻辑应用于系统诊断、图像处理、模式识别、金融系统和数据分析之中。在专家系统中，模糊概念和常识推理都是通过模糊集和模糊逻辑进行建模的。模糊逻辑的另一个应用出现在控制器中，控制器是对系统进行调整的装置，可以是机械的、化学的、电气的，也可以是它们的组合。控制器可以是任何类型的设备，比如家里的恒温器或车里的定速器。模糊控制器广泛应用于日本消费品中，例如冰箱、洗衣机、电视摄像机、空调、掌上电脑、汽车、照相机、机器人和高速列车等。

然而，当模糊逻辑定律应用于日常推理时，也存在着一些困难。因为并不是所有自然语言的句子都具有相似的真值度。即使是同一句话在不同的上下文中也可能有不同的真值度。例如"裙子是红色的"，如果是在一间白色的房间看到这条裙子，可能会得到 70% 的真值度；但如果在许多其他的红色裙子中

---

[1] 詹姆斯·C.贝兹德克，《模糊模式是什么以及为什么？》("Fuzzy models—What are they, and why?"），《电气和电子工程师协会模糊系统期刊》(*IEEE Transactions on Fuzzy Systems*），1993 年，第 1 卷，第 1 期，第 1—6 页。我对例子做了小的改动。

看到这条裙子,则会得到 20% 的真值度。如果命题不再是简单的真或假,而是灰色的阴影,那么如何确定其真值度呢?

而且模糊逻辑还有其他令人不安的影响,它违反了逻辑和语言的一个最基本的规律。模糊逻辑让矛盾律不再成立。一个人既可以高(到一定程度),也可以不高(到一定程度)。那么我们要如何从谬误中发现这些反常呢?

谬误

亚里士多德在《辩谬篇》开篇说道:"有些推理和反驳看起来是真实的,但实则是谬误。"[1] 面对诡辩论者再三地煽动人心,亚里士多德决定教我们如何辨别错误的推理。在这本书里,他列举了与无效论证有关的谬误,以便我们知道如何反驳它们而不被它们所欺骗从而接受它们。

亚里士多德把谬误分为两大类,一类依赖所使用的特定语言,另一类则不依赖所使用的语言。一位亚里士多德译者评论说:"其中有些谬误甚至很难欺骗到最简单的头脑;而另外一些谬误不仅能欺骗到单纯的人,有的甚至还能躲开使用它们的

---

[1] 亚里士多德,《辩谬篇》,E. S. 福斯特(E. S. Forster)英译(Cambridge, MA: Harvard University Press, 1955),第 I 卷,第 165a15 页。

辩论者的注意，而亚里士多德似乎恰恰就是第一个揭露和定义这些谬误的人。"[1]

依赖语言的谬误之所以是谬误，只是因为它们造成了一个错误的论点。它们经常使用模棱两可的词语（equivocation），使用具有双重含义或根据不同的措辞具有不同含义的词语。[2]这些谬误取决于语言的歧义性，它们是诡辩的陷阱。例如下面的三段论："一个火腿三明治比没有什么要好。没有什么胜于永恒的幸福。所以，一个火腿三明治胜于永恒的幸福。"这是语言谬误的一个例子。"没有"这个词有两种不同的用法——在第一个前提中是"没有"的意思，在第二个前提中是指"并非有些东西胜于永恒的幸福"。

在互联网上搜索"谬误"，你会发现一大堆网站，里面提供的都是这两类谬误的冗长列表，并附上了其用法示例。有一种论证谬误，把尚未证明的问题放在了前提假设中，叫作窃取论题（petitio principii），有时又被称为乞题（begging the question）。这种谬误在如下情形下可以被察觉，那就是当你论证某种并非不证自明的论点时，论点本身就犯了前提已经假设

---

[1] 亚里士多德，《辩谬篇》，E. S. 福斯特英译（1955），第 I 卷，导言，第 7 页。
[2] 亚里士多德将语言的错误分类为歧义（ambiguity）、模糊（amphiboly）、合成（combination）、分解（division）、重音和表达形式。

了论点的错误（尽管通常被掩饰得很好）。还有一种叫诉诸人身（*ad hominem*）论证谬误，这种论证引入了与对手论点无关的个人情况，或者直接对对手进行人身攻击，而不是攻击论证本身。

专业考试中的逻辑推理题主要是为了评估考生理解、分析、批判和完善论点的能力。这些问题可能需要识别论证中的假设，从论证中得出有效的结论，并且发现论证中的谬误。下面的例子来自给编辑的一封信，其中包含了类似诉诸人身等论证推理问题。

亲爱的编辑：我觉得有必要对您上周发表的罗伯特·达克斯伯里（Robert Duxbury）所撰写的不公平评论发表评论。你们的读者应该知道，达克斯伯里先生最近出版了他自己的书，这本书与你们请他评论的我的书的主题相同。令人遗憾的是，达克斯伯里先生觉得有必要贬低一部与之相竞争的作品以此期望能够推销自己的作品。

上面这封信的作者是通过哪种论证方法来说明她的观点的？

A. 攻击作者不利评价的动机。

B. 攻击作者所写的同一主题的书。

C. 将她自己的书与评论者写的书进行对比。

D. 对不利评论者的判断的质疑。

E. 声明她的书不应该由竞争作品的作者评论。

你能分辨出哪个是人身攻击论证（*ad hominem* argument）吗？正确答案是 A。这个作者既没有攻击评论者的书（B），也没有与自己的书进行对比（C）。事实上，她可能质疑达克斯伯里的判断，并且认为与其竞争的作品的作者不应该是书评人，但她通过攻击他的动机来表达自己的观点——即想要推销他自己的作品。

诉诸强力（appeal to force）或诉诸大众（appeal to the multitude）谬误很相似，因为它们的前提是接受一个强力的或者受欢迎的立场。诉诸权威（appeal to authority）类似于确立了权威断言的力量，但是其实这个权威并没有资格支持当下的论点。诉诸无知论证（argument from ignorance，*ignoratio elenchi*）是对那些驳倒对方的东西的无知。犯这种谬误的人有时会转移举证责任。某件事是真的，因为它没能被证明是假的；或者某件事是假的，因为它没能被证明是真的。诉诸无知论证中有一种论证叫作红鲱鱼论证（red herring argument），或者说是一种通过引入一些不相干的东西来转移听众对原本问题注意力的论证。

另一方面，真正的谬误是与语言无关并且违反推理定律的谬误。[1] 在直言三段论或命题三段论推理中，谬误属于不合逻辑的论证，其结论与所陈述的前提不符。你应该还记得，A，E，I，O 命题可以用 256 种不同的方式组合成三行直言三段论（四种不同的格），而这些形式中只有少数是有效的。违反某些形式规则的三段论被命名为：中项不周延（undistributed middle）、非法大项（illicit major）、非法小项（illicit minor）、含有否定大项的肯定结论（positive conclusion with negative major）、含有否定小项的肯定结论（positive conclusion with negative minor）以及肯定前提推出否定结论（positive premises with negative conclusion）谬误，这些谬误都是无效三段论的形式。

亚里士多德发现了转换（conversion）中的谬误，这个谬

---

[1] 亚里士多德确定了七种这样的谬误：(1) 依赖偶然的；(2) 绝对地或不绝对地使用一种表达，但带有某种尊重、地点、时间或关系的限定条件；(3) 取决于对什么是"反驳"的无知；(4) 依赖结果的；(5) 依赖假设的原始结论；(6) 将不是原因的原因作为原因；(7) 将多个问题合并成一个问题。

误早在公元前 350 年就已经是一个常见的错误了,时至今日依然如此。亚里士多德指出,"与后件有关的反驳是由于结论是可转换的。因为无论何时,如果 A 是,那么 B 必然是,人们就会同样设想,如果 B 是,那么 A 必然是。"[1] 约翰·斯图尔特·密尔在 1874 年发表评论道,与转换条件命题的错误一样,转换全称命题的错误也非常频繁地出现,比如"所有 A 都是 B,因此所有 B 都是 A"。[2]

查尔斯·桑德斯·皮尔士指出,逻辑上的"错误思维"可能属于心理学家的领域,实际上,在此过程中,我们已经发现了许多理论,这些理论试图解释为什么有些人执着于转换条件句,例如,在实验中用到的抽象的材料、所涉及的任务的难度、否定的难度、隐含的假设以及把条件句作为双条件句的解释。

玛丽·亨利(Mary Henle)在她 1962 年的研究中指出,推论中的错误并不一定意味着我们不合逻辑。[3] 亨利的研究涉及在日常问题的背景下评估推论的逻辑充分性,她确定了几个干扰我们推理能力的过程:不接受逻辑任务,重述一个前提或

---

[1] 亚里士多德,《辩谬篇》,E. S. 福斯特英译(1955),第 V 卷,第 167b1 页。
[2] 约翰·斯图尔特·密尔,《逻辑体系》(1874)。
[3] 玛丽·亨利,《逻辑与思维之间的关系》(1962)。

结论以改变预期的意义,省略了前提,以及引入外部知识作为新的前提。未能理解或接受逻辑任务意味着无法区分逻辑上有效的结论和事实上正确的结论。错误产生于未能理解逻辑有效性的概念,或无法区分逻辑有效性与事实状态。当被试得出错误的结论或未能发现谬误时,他们这样做是因为他们进行的任务与预期不同,并且前提也有所不同。亨利得出的结论是,我们大多数人不会像逻辑学家那样处理推理任务,因此,我们所犯的错误并不构成错误推理的证据,而只是我们对任务理解的一种方式。许多谬误不是由错误的推理产生的,而是由于推理者对所推理的材料做的特定更改而产生的。

自亨利之后的研究中,人们一直试图通过给高绩效提供激励来确保被试专注于逻辑任务,比如,对回答正确提供的金钱奖励。尽管有金钱奖励,这些激励措施并没有改善被试在这些任务中的表现。[1] 如果他们没能接受逻辑任务,即使他们得到了报酬,更有可能是被试没有理解这些逻辑任务。我试着问了一位同事两个问题:"所有系主任都必须在会议上作报告。你不

---

[1] 理查德·E 尼斯比特(Richard E. Nisbett)等,《教学推理》("Teaching reasoning"),《科学》(Science),1987 年 10 月 30 日,第 238 卷,第 625—631 页;菲利普·约翰逊-莱尔德,鲁思·M. J. 伯恩,《条件句》,《心理学评论》,2002 年,第 109 期,第 646—678 页。

是系主任。你一定要参加吗?""不。"她回答说。"所有数学教授都很努力。你不是数学教授。你工作努力吗?""是的。"她回答说。她在运用实用逻辑,为问题提供前提。她在运用自己的常识:她可能(只是可能)不必参加会议,而且她确实工作很努力。

亨利的研究还表明,对特定材料的强烈态度或情感介入会干扰被试区分逻辑上正确的结论和事实上正确的结论的能力。"所使用的材料与个人相关性越强,就越难接受逻辑任务。"[1]有时,处理熟悉的材料会干扰我们保持逻辑思维的能力。

关于内容为什么会影响推理规则的问题,研究结果错综复杂。得到的数据不一致,这个问题还没有得到解决。但是,我们可以同意研究人员的结论,即当我们处理熟悉的和不熟悉的材料时,不同的原则影响着我们的推理。[2]

推理的难度不仅与问题的内容有关,而且与问题的形式有关。我们已经看到,某些形式的推理,比如肯定前件假言推理就很容易理解,即使对小孩子来说也是如此。其他类型的推理可能非常困难,即使对成年人来说也是如此。[3]但研究人员告诉

---

[1] 玛丽·亨利,《逻辑与思维之间的关系》(1962),第375页。
[2] 彼得·C.沃森,菲利普·约翰逊-莱尔德,《推理心理学》(1972),第134页。
[3] 马丁·D. S.布雷恩,戴维·P.奥布兰,《"如果"理论》,《心理学评论》,1991年,第98卷,第2期,第182—203页。

我们，逻辑错误仅仅只占演绎推理错误的一部分。推理问题的难度取决于我们解决该问题所需的推理步骤的数量和难度。我们的短期记忆或有限的可用计算空间限制了"在大脑中"进行推理的复杂性，因此，我们通常很难跟踪信息、组织信息和从记忆中检索信息。[1]

在评价三段论有效性的过程中，被试倾向于寻求验证（verification）。有没有一个例子可以结合前提来验证结论？当然，关键的检验是证伪（falsification）。推理者必须在他的记忆中寻找一个实例，这个实例中的前提可能使结论为假。如果存在这样的实例，则推理无效。如果没有这样的实例，那么推理是有效的。对于每个人来说，能够发现一个反例或替代实例来阻止一个不合理的（但被招请的）推理是一种宝贵的技能。[2]

---

[1] 彼得·C.沃森，菲利普·约翰逊-莱尔德，《推理心理学》(1972)；马丁·D. S. 布雷恩，《推理的自然逻辑与标准逻辑之间的关系》，《心理学评论》，1978年，第85卷；戴维·P. 奥布兰等，《通过心理模式进行命题推理？》("Propositional reasoning by mental models? Simple to refute in principle and in practice")，《心理学评论》(*Psychological Review*)，1994年，第101卷，第4期，第711—724页。

[2] 彼得·C.沃森，菲利普·约翰逊-莱尔德，《推理心理学》(1972)，第157页；戴维·P. 奥布兰等，《通过心理模式进行命题推理？》，1994年，第101卷，第4期，第723页。

一些研究人员使用如下例子进行了说明[1]：

  所有足球运动员都很强壮。 所有橡树都有橡子。
  这个人很强壮。   这棵橡树有橡子。
  他是一名足球运动员吗？   这是一棵橡树吗？

  因为第一个三段论很容易引出反例（大多数人都能想到一个不是足球运动员但是很强壮的人），所以"无法确定"的正确回答就被引出了。然而，在第二个三段论中，一个不是橡树但有橡子的树的例子是不容易在我们的记忆中回忆起来的。从逻辑上讲，正确的回答也应该是"无法确定"，但大多数人会坚持认为它必须是一棵橡树。如果你开始认为其中的一些任务是故意要花招，我同意你的看法。我在我的字典中给橡子下了唯一的定义：橡子是橡树的果实或种子。难怪大多数人都很难想出一个反例。

  推理中一个典型的错误是，从逻辑上接受一个论点后面的

---

[1] 马丁·D. S. 布雷恩，《推理的自然逻辑与标准逻辑之间的关系》，《心理学评论》，1978 年，第 85 卷；理查德·E. 尼斯比特等，《文化与思想体系：整体认知与分析认知》（"Culture and systems of thought: Holistic versus analytic cognition"），《心理学评论》，2001 年，第 108 卷，第 291—310 页。

任何真命题。[1] 在形式逻辑中，我们会仔细区分"真"和"有效性"，但在日常推理中，我们没有意识到这种区别。我们混淆了真与有效性或合理性。我们也落入了亨利所说的"拒绝掌握逻辑任务"和"引入外部知识"的范畴中。

当不确定结论的真时，我们倾向于接受任何他人提供或要求的结论。每个人都想得出一个结论。研究表明，被试一次又一次地反对采用"不可能得出结论"或"无法确定"的立场。具体来说，因为被试对"无法确定"的回答有强烈的偏见，所以他们通常需要接受培训，并鼓励他们在适当的地方使用"无法确定"。只有这样，实验才能产生有用的结果。[2]

肯定了结果或者否定了前提的命题三段论都得出了"无法确定"的正确结论。这些"无法确定"的回答是很难从被试中引出的，因此我们发现三段论产生了非常普遍的谬误，即肯定后件和否定前件。

---

[1] 拉塞尔·雷夫利斯，《三段论推理：从复杂数据做出逻辑决策》，出自：雷切尔·J. 法尔马根编，《推理：儿童和成人中的表达与过程》(1975)。

[2] 拉塞尔·雷夫利斯，《三段论推理：从复杂数据做出逻辑决策》，出自：雷切尔·J. 法尔马根编，《推理：儿童和成人中的表达与过程》(1975)；芭芭拉·朗曼，杰弗里·康奈尔，马丁·D. S. 布雷恩，《对话理解过程对儿童与成人的推理谬误负有责任》，《发展心理学》，1983年，第19卷，第471—481页；戴维·P. 奥布兰等，《关于条件句的推理》，《实验儿童心理学杂志》，1989年，第48卷，第90—113页。

下面是一个类似于很多考试中会出现的逻辑推理部分的问题。这一次,要求考生确定谬误。

卢注意到,如果409航班被取消,那么经理就不能及时赶到开会地点。但是航班并没有被取消。因此,卢下结论说经理一定会准时到。伊夫琳则回答道,即使卢的前提是真的,他的论证也是谬误的。因此,她补充说,经理还是无法准时到达。

关于这个讨论,下列哪项是我们能恰当表达的最强烈的观点?

A. 伊夫琳错误地认为卢的论证是谬误的,所以她自己的结论是没有根据的。

B. 伊夫琳对卢的观点是正确的,但她自己的结论是没有根据的。

C. 既然伊夫琳对卢的观点是正确的,那么她自己的结论就得到了充分的支持。

D. 既然伊夫琳误解了卢的观点,她自己的结论肯定是错误的。

E. 伊夫琳对卢的观点是正确的,但她自己的结论是错误的。

在这里，我们看到，卢犯了否定前件的谬误，而伊夫琳发现了一个错误的论点，做出了一个同样错误的结论。我们"不知道"伊夫琳的结论是真是假，我们只能简单地说它是无法确定的。这道题的正确答案是 B。测试人员强调，虽然不需要了解形式逻辑的术语（你不必知道这被称为否定前件谬误），但是需要对推理原则有着批判性的、全面的理解。

演绎推理中产生错误的原因有哲学的、心理学的和心理语言学的。错误的推论部分是由于语言，部分是由于认知能力不足。玛丽·亨利认为，逻辑形式不能描述实际的思维；相反，逻辑形式，比如有效的三段论，代表一种理想，或"我们应当如何思考"。[1] 也许我们坚持错误的逻辑，但不坚持错误的推理。换句话说，人们是"有逻辑的"，他们有一个推理方案，可以使他们在推理中从一个步骤推进到另一个步骤，但是推理者用来得出推理的"有效"前提可能不是提问者想要的。[2] 不管我们是忽略了可用的信息还是增加了来自我们自身经验的信息，我们的注意力都没有集中在逻辑学家的任务上。

在法尔斯·G. 奥达夫（Phares G. O'Daffer）和布鲁斯·A.

---

[1] 玛丽·亨利，《逻辑与思维之间的关系》（1962），第 366 页。
[2] 马丁·D. S. 布雷恩，《推理的自然逻辑与标准逻辑之间的关系》，《心理学评论》，1978 年，第 85 卷。

索恩奎斯特（Bruce A. Thornquist）关于批判性思维和推理的调查中，他们总结了在演绎推理中出现错误的四个主要原因：

1. 从前提中添加、修改或忽略项。
2. 允许事实内容取代推理模式。日常话语的传统模式常常凌驾于逻辑之上。
3. 语言困难、否定的数量和位置、句子和词语的长度以及认知能力超载。
4. 无法接受假设。[1]

悖论

悖论是表现出明显矛盾性质的人、事或情况。因此，它们不一定是错误或谬误，但由于缺乏逻辑一致性而被研究过。其中一些悖论早在亚里士多德和斯多葛学派的时代就困扰着逻辑学家。

---

[1] 法尔斯·G. 奥达夫，布鲁斯·A. 索恩奎斯特，《批判性思维、数学推理与证明》("Critical thinking, mathematical reasoning, and proof")，出自：帕特里夏·S. 威尔逊（Patricia S. Wilson），《教室里的研究思想》(*Research Ideas for the Classroom: High School Mathematics*，New York：Macmillan Publishing Company，1993)，第46页。

有一种形式的悖论主要属于诡辩的范畴，即利用语言来诱使受害者做出荒谬的结论。这个悖论的早期版本叫作"蒙面人"（hooded man）：你说你知道你的兄弟；但是刚才进来的那个蒙着头的是你的兄弟，你并不知道是他。[1] 在"蒙面人"悖论中，这个诡辩在于用两种不同的方式使用"知道"这个词。另一个早期的悖论叫作"长角的人"（horned man）：你没有失去的东西就是仍然拥有的；但你没有失去角；所以你还有角。[2] 这里，在没有明确的前提下，骗子已经迫使我们接受"要么你仍然拥有一样东西，要么你已经失去了它"作为排中律的一个实例。但显然这里有一个中间立场；如果你从未拥有过，那么你既没有失去它，也仍然没有拥有它。

"鳄鱼和婴儿"（crocodile and the baby）悖论是根据埃及的一个寓言故事改编的，有点像"如果你做了就会被诅咒"和"如果你不做就会被诅咒"悖论。一条鳄鱼从坐在尼罗河边上的母亲手中抢走了一个婴儿。鳄鱼承诺，如果母亲如实回答一个问题，它就会把孩子还给她："鳄鱼打算把孩子还给你吗？"母亲相信鳄鱼会被迫遵守诺言，于是诚实地回答说："不会。"

---

[1] 威廉·涅尔，玛莎·涅尔，《逻辑的发展》（1962），第 114 页。这种悖论也被称为"没被看见的人"（Unnoticed Man）悖论或"电光人"（Electro）悖论。
[2] 同上。

于是鳄鱼回答说，它不能把孩子还给她，因为如果它还了，这个母亲就没有如实回答问题。（这种古老的诡辩后来被称为"鳄鱼悖论"。）

不要把麦粒堆悖论（paradox of the heap），或称堆垛悖论（sorites paradox），与称为诡辩法（sorites）或复合三段论（polysyllogism）的多前提链式论证相混淆，它是关于一堆谷物的悖论。一粒谷物堆不成一堆。如果一粒谷物不能堆成一堆，无疑再加一粒谷物也不能堆成一堆。所以，两粒谷物堆不成一堆。如果两粒不能堆成一堆，那么三粒也不能堆成一堆……因此，一万粒谷物也堆不成一堆。我们可以通过减去谷物得出同样的悖论。如果我们从一堆谷物开始，拿走一粒谷物，我们仍然有一堆谷物。再拿走一粒谷粒，我们还有一堆谷粒。继续这样下去，我们将不得不得出这样的结论：一粒谷物就是一堆谷物。这是麦加拉学派（Megarian）逻辑学家米利都的欧布里德（Eubulides of Miletus）提出的悖论之一。

同样，我们也有秃头悖论（the bald man/falakros paradox）。头上有一根头发的人是秃头吗？是的。那两根头发呢？在某些时候，我们将被迫宣布他不是秃头，但我们该在哪里划出界线呢?¹"秃顶"和"堆积"的模糊概念并不少见;大多数的概念都是模糊的——穷人和富人,小的和大的,少的和多的,等等。解决这种悖论的一个办法是用无限值逻辑代替二值逻辑,就像模糊逻辑一样。秃顶是用度数来衡量的,真也是如此。正如一个人可能比后一个人更秃顶一样,链中的一个条件可能比下一个更真(或更不真)。我们把几乎为真的陈述错当成完全为真的陈述。我们可以认为"没有头发的人是秃头"是完全为真的。然而,有条件的"如果一个人没有头发就是秃头,那么一个人只有一根头发就是秃头"几乎是为真的。"没有头发的人是秃头"比"只有一根头发的人是秃头"稍微更真一些。

克里特人(Cretan)埃庇米尼得斯(Epimenides)提出的一个悖论后来被称为"说谎者悖论"(liar's paradox),中世纪的逻辑学家对此进行了深入的研究。在《新约》中,保罗在给提多的信中提到了这句话,但他显然没有意识到这句话的矛盾本质。² 埃庇米尼得斯说:"所有克里特人都是骗子。"他说的是真话吗?如果他说的是真话,就是谎话,因为他是克里特人。如果这个陈述是真的,那么它就是一个谎言,如果它是一个谎

---

[1] 爱德华·N. 扎尔塔(Edward N. Zalta)编,"经典逻辑"("Classical Logic")词条,见"斯坦福哲学百科全书"网站(2002)。

[2] 《提多书》,1:12。

言，那么它看起来就是真的。这个困境的现代版本"这句话是假的"是矛盾的，因为如果这是一个真句子，那么它一定是假的，如果这是一个假句子，那么它一定是真的。这些似是而非的说法的困难之处在于，这些说法是自己引用的。"这句话是假的"是自我引用的，"所有克里特人都是骗子"是克里特人对自己陈述的一种声明。

自我指涉（self-reference）的问题出现在 1908 年由库尔特·格雷林（Kurt Grelling）提出的一个悖论中。格雷林是一位德国数学家和哲学家，但他却遭到了纳粹的迫害。格雷林的悖论存在于一类自我描述的（self-descriptive）形容词中。形容词"短的"是短的，"English"是英语，"多音节的"是多音节的，但"长"并不长，"German"不是德语，"单音节的"不是单音节。格雷林把自我描述的形容词称为自谓的（autological）形容词，而那些非自谓的形容词则称为它谓的（heterological）形容词。如何回答这个问题出现了一个悖论：形容词"它谓的"是它谓的吗？如果它是它谓的，那么它就描述了它自己，所以它是自谓的。但如果它是自谓的，那么它确实描述了它自己，因此，"它谓的"就是它谓的。蒯因将这类悖论描述为二律背反（antinomie），并指出它们带来了思想上的危机。[1]

伯特兰·罗素是 20 世纪最重要的逻辑学家之一,他对困扰我们的几个悖论负有责任。让我们来看看"乡村理发师悖论"(paradox of the village barbe):在一个特定的村庄里,有一个男人是理发师;这个理发师只给那些自己不刮胡子的人刮胡子。理发师自己刮胡子吗?[2] 当然,他不能给自己刮胡子,因为他只给那些不刮胡子的人刮胡子。如果他自己不刮胡子,那么他就是应该刮胡子的男人之一。蒯因指出,"当且仅当他不刮胡子时,他才刮胡子"这一荒谬的结论是通过首先接受前提而创造出来的。事实上,不可能存在有这样一个理发师的村庄。

罗素还提出了另一个悖论——贝里悖论(Berry's paradox),这是以一位图书管理员的名字命名的。这个悖论的主题是音节和数字。数字 2 的读音有一个单音节名称"two",数字 77 的读音有一个五音节名称"seventy-seven",数字 1,495,832 的读音有一个 17 音节名称"one million four hundred ninety-five thousand eight hundred thirty-two"。我们可以继续下

---

[1] 威拉德·冯·奥曼·蒯因,《悖论的方式及其他论文》(*The Ways of Paradox and Other Essays*, New York: Random House, 1966),第 7 页。
[2] 同上,第 4 页。

去，肯定会找到一组用不到 19 个音节就无法描述的数字。贝里悖论要求我们考虑这样的数字中最小的一个，也就是说，"小于 19 个音节的最小数字"（the least number not specifiable in less than nineteen syllables）。计算这个括号内的音节数，我们正好发现了其中有 18 个音节。

罗素最著名的悖论是 1901 年发现并以他自己的名字命名的，这个悖论属于矛盾论的范畴。它与类或集合的自身成员有关。有些集合包含自己作为成员，有一些不包含。所有颜色名称的集合本身不是一个成员；它不是一个颜色名称，它是一个集合。另一方面，"自吞"（self-swallowing）集合是它自己的成员。所有超过 4 个元素的集合的集合本身就超过 4 个元素，因此它就是自身的一个元素。让我们考虑所有不是自吞集合的集合，也就是说，所有不是自身成员的集合的集合。那个集合包含它自己吗？如果它不是它自己的成员，根据它的定义，它有资格成为一个成员，并且应该是一个成员。但是，当且仅当它不是成员时，它才有资格成为自身的成员。[1] 罗素悖论是集

---

[1] 威拉德·冯·奥曼·蒯因，《悖论的方式及其他论文》（1966）；侯世达，《哥德尔、艾舍尔、巴赫》（1979）。

合论数学中最终发现的无数悖论中的第一个。[1]

查尔斯·桑德斯·皮尔斯认为,我们有权从逻辑中学到的第一课就是如何让我们的想法变得清晰。"了解自己的想法,掌握自己的意思,将为伟大而有分量的思想打下坚实的基础。"[2] 逻辑、理性、意义和思想都依赖某种形式的交流,即使我们只与自己交流,也仍然依赖语言。接下来,我们来看看语言带来的问题。

---

[1] 其他还有乔治·康托(Georg Cantor)的所有集合的集合的悖论(paradox of a set of all sets)和库尔特·哥德尔(Kurt Gödel)的不完全性定理(Incompleteness Theorem)。

[2] 查尔斯·桑德斯·皮尔士,《如何让我们的想法变得清晰》("How to make our ideas clear"),《流行科学月刊》(Popular Science Monthly),1878年1月,第12卷,第286—302页。

第十二章

日常的逻辑与语言

> 逻辑倾向于纠正,首先是思想上的不准确,其次是表达上的不准确。许多人合乎逻辑地思考时却做出了不合逻辑的表达,在这样做的时候却在他们的听众或读者中产生了同样的效果,就好像他们想的都是错的。
>
> ——奥古斯都·德·摩根

逻辑科学旨在为我们提供一个合理的推理理论,但是,我们的逻辑推理能力在很大程度上受到语言的阻碍。有人认为,自然语言和逻辑语言遵循两套完全不同的规则。语言给我们的逻辑能力带来的问题与意义、语境、我们的文化知识以及我们通过写作或会话进行交流的能力有关。

传统上,交流的艺术分为三类——逻辑、修辞和诗歌,修辞和逻辑之间的界限常常模糊不清。在文艺复兴时期,逻辑或辩证法,关注的是旨在实现关于现实的有效推论的陈述,并且被广泛认为是学术和科学论述的领域。[1]"修辞"（与今天通常赋予这个词的将"修辞"等同于"空洞的修辞"的含义相去甚远）被认为是一种在学者和大众之间交流思想的话语方法。从芝诺时代到中世纪，逻辑的象征是握紧的拳头，代表哲学家严密的话语，而修辞的象征是张开的手，代表有教养的演说家和大众之间开放的话语。文艺复兴时期的作家和"归纳推理之父"弗朗西斯·培根爵士（Sir Francis Bacon）解释了逻辑和修辞的区别：

> 它还显示出逻辑之不同于修辞，不仅是拳头与手掌的区别，一个握着，另外一个张开，而且更重要的是，逻辑处理的是精确而真实的理性，而修辞处理理性就像是理性被植入在流行观点和方式中一样。[2]

在整个中世纪，逻辑和修辞的研究主要局限于大学。1588年，就在第一本关于逻辑的英文书出版后不久，亚伯拉罕·弗朗斯（Abraham Fraunce）试图将英国法律和逻辑结合起

---

[1] 威尔伯·塞缪尔·豪厄尔，《1500—1700 英国的逻辑与修辞》（1961），第 3 页。
[2] 威尔伯·塞缪尔·豪厄尔在《1500—1700 英国的逻辑与修辞》（1961）一书中引用了弗朗西斯·培根的著作，出自：弗朗西斯·培根，《弗朗西斯·培根著作集》(The Works of Francis Bacon)，詹姆斯·斯佩丁（James Spedding）等编（Boston：Houghton Mifflin，1900），第 6 卷，第 168—169 页。

来，出版了一本关于法律逻辑的书。由弗朗斯写的《法律人的逻辑》(The Lawiers Logike)以这样的诗节开头：

> 我只说我所看到的，我看到了我所寻求的，
> 我在我们的律法中寻求逻辑，并得偿所愿。[1]

弗朗斯的作品试图给当时被认为是粗糙的、更资产阶级化的法律带上经院式的、贵族式的哲学形象。1620年，托马斯·格兰杰（Thomas Granger）出版了《语法逻辑》(Syntagma Logicum)，或称《神圣的逻辑》(The Divine Logike)，致力于像弗朗斯为律师所做的那样为牧师服务。格兰杰自己以这样的诗节开始：

> 本书是花园，长着一棵树，
> 有名唤作逻辑，硕果累累献神学。[2]

---

[1] 弗朗斯早前曾用埃德蒙·斯宾塞（Edmund Spenser）的《牧人月历》(The Sheapheardes Calendar) 中的例子写过《牧人逻辑》(The Sheapheardes Logike)。参见：威尔伯·塞缪尔·豪厄尔，《1500—1700英国的逻辑与修辞》(1961)，第223页。

[2] 威尔伯·塞缪尔·豪厄尔，《1500—1700英国的逻辑与修辞》(1961)，第230页。

十七八世纪最受欢迎的逻辑书之一阐述了逻辑在神学话语、公民话语和日常话语中的应用。《逻辑，或思维的艺术》(*La Logique*, *ou L'Art de Penser*) 于 1662 年首次出版，作者是安托万·阿尔诺（Antoine Arnauld）和皮埃尔·尼科尔（Pierre Nicole）；两人都是包括布莱士·帕斯卡在内的神秘主义者和宗教改革者团体的成员。这本书后来被称为《王港逻辑》(*The Port Royal Logic*)，以该组织聚集的巴黎附近地区命名。[1] 随着在修辞学、伦理学、物理学、形而上学和几何学中发现的大量常见的逻辑论证和谬误的例子，《王港逻辑》在 17 世纪晚期非常流行，并持续了 200 年。这部雄心勃勃的著作讨论了思维在思想形成过程中的运作和附属于单词的意义（语义学），同时研究了对判断一个有效论证至关重要的思维操作。阿尔诺和尼科尔认为，世界上和科学书籍中常见的逻辑与学校里教授的逻辑大不相同。他们强调，普通的逻辑并没有像逻辑学生所研究的那样，被组织和安排成整齐的命题三段论。

在很大程度上，现代逻辑与语义学的研究是重叠的，语义学是现代语言学的一个分支，研究单词、短语和句子的意

---

[1] 安托万·阿尔诺，皮埃尔·尼科尔，《王港逻辑》，托马斯·斯潘塞·贝恩斯（Thomas Spenser Baynes）英译（10th ed., Edinburgh：William Blackwood and Sons，1887）。

义。然而，像"并且"和"或者"这样的简单词语的含义应该足够清楚，难道它们不是这样的吗？用于推理的最简单的逻辑联结词之一是"并且"；但是，依然有太多的方式来说"并且"。当联结词有对比意思的时候，像"但是"（but）、"尽管"（although）以及"然而"（while）这样的词起着与"并且"一样的联结作用。"我当然会还你我欠你的钱，但是我还没有发工资""尽管我很想和你一起去，但我不能""虽然你今天表现得很好，然而你还没有打扫干净房间"。这些联结词起着与"并且"相同的作用，即使它们是在提醒听者改变期待。

　　语言的模糊性可能是许多演绎错误的根源。我们已经看到联结词"或者"的意思是模糊的。我们在相容性意义和不相容性意义上都使用它。有人认为，在自然语言中，我们通常使用不相容性的"或者"，因为很少在一对可能性中二者都是真的。[1] "有的"这个词可以有不同的含义："至少一个或可能全部"和"有的但不是全部"。我们遵循推理路线的能力甚至取决于"是"的含义是什么。

　　"汽车是在车库里。"在这个句子中，"是"提供了空间和位置关系。"音乐会是在晚上"是一个时间关系的例子。但

---

[1] 马丁·D. S. 布雷恩，《推理的自然逻辑与标准逻辑之间的关系》，《心理学评论》，1978 年，第 85 卷。

是，亚里士多德的"每个 A 都是 B"表明了类包含（class inclusion）关系。类包含关系不同于时空关系，得到了逻辑学专家和语言学专家的极大关注。[1] 类包含的大多数例子涉及一个分类法：贵宾犬是一种（类型的）狗；狗是一种（类型的）哺乳动物；哺乳动物是一种（类型的）动物。这些例子是分层的（hierarchical）和非对称的（asymmetric）。贵宾犬的类不等于狗的类。狗的类包含贵宾犬。标签之间的这种类包含关系在所有语言中都很普遍，语义学家称这种关系为下义关系（hyponymy）。与"同义词"和"反义词"类似，下义词是一个子名称。由于"雏菊"一词所指的对象包括在"花"一词所指的对象中，"雏菊"是"花"的下义词。[2]

当然，在自然语言中"是"也可以表示身份或提供描述。我们不是说"伦敦等于英国的首都"，而是说"伦敦是英国的首都"。当这些类相互蕴涵时，我们用"是"（is）和"是"（are）表示同义词，如下面的例子所示：关税是一种税（A duty is a tax）；债务是一种负担（A liability is a burden）；三角形是三边多边形（Triangles are three-sided polygons）。研究表明，在三段论推理中，"是"常被解释为"相当于"（is

---

[1] 乔治·A. 米勒，菲利普·约翰逊-莱尔德，《语言与感知》（1976）。
[2] 同上。

equivalent to）或"等同于"（is identical with）而不是"被包含在"（is included in）。有人认为，被动语态可以使二者的关系更加清晰。因为"所有 A 都是 B"可能意味着 B 是一个比 A 小的类，也许被动语态"所有 A 都被包含在 B 中"更清楚。[1] 最好的解决办法可能是回到亚里士多德最初在主动语态中使用的顺序："B 包括所有 A"。"是"（"is"和"are"）的澄清已被证明显著提高了逻辑三段论推理的性能。将"所有 A 都是 B"重新表述为"所有 A 都是 B，但有的 B 可能不是 A"，通过明确警告被试不要犯太常见的错误来减少转换错误。[2]

在我们日常语言的使用中，词语的意义取决于一系列因素。我们会自动地把上下文（context）考虑进去以理解对方，只有当事情出错，我们的交流中断时，我们才会意识到上下文。[3] 从上下文来解释一个陈述的意思，而不是让这些词独立存在，需要对说话人的意图进行假设。能够思考上下文和我们认为说话者想要说的内容正是使我们成为人类而不是数据处理

---

[1] 拉塞尔·雷夫利斯，《三段论推理：从复杂数据做出逻辑决策》，出自：雷切尔·J. 法尔马根编，《推理：儿童和成人中的表达与过程》（1975），第 106 页。

[2] 乔纳森·巴伦，《思维与决策》（1988），第 140 页。引用了 J. 塞拉索（J. Ceraso）和 A. 普罗维塔（A. Provita）的研究，参见：J. 塞拉索，A. 普罗维塔，《三段论推理中的错误来源》（"Sources of error in syllogistic reasoning"），《认知心理学》（*Cognitive Psychology*），1971 年，第 2 卷，第 400—410 页。

[3] 基思·德夫林，《再见，笛卡尔》（1997）。

器的原因。我经常感到沮丧,因为我的计算机永远不知道我想说什么或做什么。

一些研究人员认为,在推理中似乎有两种不同的惯例——一种是自然语言的惯例,另一种是逻辑的惯例。[1] 我们经常根据自然语言和实际考虑的基本规则进行推理,而不是通过逻辑法则进行推理。我们在日常会话中进行推理的方式有时被称为自然逻辑(natural logic)或语用推理(pragmatic reasoning)。

我们推理过程的主要特征可能是它的语用结构而不是它的逻辑结构。我们提供前提,使用已知的事实。我们注意上下文并解释意思。1967 年,为了建立日常会话的逻辑(logic of everyday conversations),英国哲学家、逻辑学家 H. 保罗·格赖斯(H. Paul Grice)制定了一套准则,参与者在任何会话中都隐含地遵循这些准则:提供尽可能多的信息;提供的信息不要多于所需的信息;诚实;不要说你认为是错误的或你缺乏足够信息的东西;要有关联;要明确;避免含混不清的表达和模棱两可;要简洁;要有序。[2] 会话结构的格赖斯准则(Gricean

---

[1] 马丁·D. S. 布雷恩,《推理的自然逻辑与标准逻辑之间的关系》,《心理学评论》,1978 年,第 85 卷;盖伊·波利策,《含义解释的差异》,《美国心理学杂志》,1981 年,第 94 卷,第 3 期;乔纳森·巴伦,《思维与决策》(1988)。

[2] 基思·德夫林,《再见,笛卡尔》(1997)。

maxims）可以合起来成为一个一般原则：要合作。

语言学家注意到，会话不仅仅是信息的交换。参与会话的两个人对会话过程中使用的惯例有共同的理解。合作原则要求说话人尽量做到信息丰富、真实、相关、简明、清晰、有序，听者在理解说话人所说的内容时，假设说话人努力做到信息丰富、真实、相关、简明、清晰、有序。

如果我说电影的某些部分很有趣，那么接受某些部分不有趣的推论似乎是很自然的。尽管逻辑将"有的"（some）定义为"有的并且可能所有"（some and possibly all），但根据我们的会话规则，如果电影的所有部分都有趣，那么我就应该这么说，因为我应该尽可能地提供信息。会话规则要求，我们的陈述表达了说话者所能有的最全面的信息。

安托万·阿尔诺和皮埃尔·尼科尔表达了话语的合作原则，他们说，我们把自己局限于使我们的意思得到理解所必需的东西。我们不做过多添加。这就是为什么在日常语言中，前提经常被压缩；说话者不应该提供比所需更多的信息，被压缩的东西应该是听者可以获得的信息。事实上，阿尔诺和尼科尔指出，在会话中压缩前提是一种很好的方式，这表明说话者认为听者足够聪明，能够自己提供前提。

我们已经说过,省略三段论是心灵中完美的三段论,但在表达上是不完善的,因为有一个命题由于太清楚、太熟悉并且由于很容易被我们所谈论的那些人的心灵所补充而被压缩了。这种推理方式在会话和写作中是如此常见,以至极少需要表达出所有命题,因为通常是其中一个相当清晰就足以得到理解,而且人类心灵的本性更喜欢有的东西缺失而让它来提供,而不是认为它需要一切都被灌输。

　　因此,这种压缩迎合了我们会话对象的虚荣心,把一些东西留给他们的智慧,通过缩短会话,而使会话更加生动有效。[1]

　　这仍然是普通逻辑和日常会话的一个特征。当我们论证或解释的时候,我们假定有大量的背景知识和文化知识。事实上,关于我们如何被理解,我们有许多不言而喻的假设。

　　形式逻辑要求推理者对信息进行划分(外部知识不能干涉),只有前提所包含的最小承诺才能被接受。形式逻辑推理要求只接受前提下的结论,而日常推理则利用推理者所掌握的所有信息。

---

[1] 安托万·阿尔诺,皮埃尔·尼科尔,《王港逻辑》,托马斯·斯潘塞·贝恩斯英译(1887),第229—230页。

合作原则的另一个例子解释了为什么条件句通常被解释为双条件句。如果我说"如果你去铲雪，我将给你 10 块钱"，你以为我是说"如果你铲雪，我就给你 10 块钱；仅当你铲雪，我才给你 10 块钱"。你不会以为不管你铲不铲雪，我都打算给你 10 块钱，是不是？根据我们的会话规则，你认为我是在努力做到真实、关联和简洁，合作原则在实践上迫使你接受招请的（但不是必然的）推理。

研究表明，不仅错误的招请推理可以通过提供可能在条件句中产生结果的替代条件来阻止，而且有效推理也可以通过提供额外的支持条件来阻止。当替代条件和一个前提的否定被提供时，比如"如果莉萨遇到了她的朋友，她就去看戏；如果莉萨遇到了她的哥哥，她就去看戏；莉萨没有遇到她的朋友"，被试能够避免在否定前件的谬误中做出招请推理。但是，当提供了研究人员所说的附加条件而不是替代条件，实验对象就不能得出有效的推理。例如，面对"如果莉萨遇到了她的朋友，她就去看戏；如果莉萨有足够的钱，她就去玩；莉萨遇到了她的朋友"，人们不能把常识放在一边，谁会期望他们这样做呢？考虑到钱的问题是一个额外信息，我们被要求假设这两个条件都需要满足。[1]

一些心理学家试图捕捉人们在推理时实际使用的逻辑。纽约大学心理语言学教授马丁·布雷恩称之为"自然逻辑"。他解释了人们把实用推理和普通语言的习惯引入需要形式推理的任务中所犯的常见错误。他举了一个例子,形式逻辑使用的一些联结词和自然语言中最接近的联结词——如"如果……那么……""或者"和"有的"——之间的匹配度差,是一个几乎难以解决的问题!布雷恩认为,形式逻辑和实际推理的区别在于个体使用的启发式过程和理解策略,而不是逻辑本身。[2] 马丁·加德纳也认为,逻辑不应与"启发式推理"相混淆,后者是一种非形式的推理程序,类似于人类心灵在遇到问题时实际工作的直觉方式。[3] 我们不是逻辑机器。

斯坦福大学语言与信息研究中心行政主任基思·德夫林(Keith Devlin)指出,电脑不具备人类用来推理常识的能力。即使我们不会说彼此的语言,人们也能够通过谈判达成理解,这是

---

[1] 鲁思·M. J. 伯恩,奥兰多·埃斯皮诺(Orlando Espino),卡洛斯·桑塔玛丽亚(Carlos Santamaria),《反例与推理的压缩》("Counterexamples and the suppression of inferences"),《记忆与语言杂志》(*Journal of Memory and Language*),1999年,第40卷,第347—373页。

[2] 马丁·D. S. 布雷恩,《推理的自然逻辑与标准逻辑之间的关系》,《心理学评论》,1978年,第85卷。

[3] 马丁·加德纳,《逻辑机器与图形》(1982),第148页。

机器无法做到的。我们所说的自然语言只不过是我们共同的内在心理语言的外在表现。"人类的逻辑思维和我们对语言的使用几乎肯定不只是机械地应用规则。但这并不意味着没有规则。"[1]

对某些人来说,逻辑的确切规则似乎并不重要,正如有些人认为代数规则或象棋规则对他们的日常生活并不重要一样。然而,当我们开始考虑陈述是否有必要遵循某些特定的陈述时,我们发现,我们在处理形而上学、科学、数学、认识论和伦理学的基础。推理和演绎规则对于科学教育来说是绝对必要的,今天,鉴于计算机在我们生活中的普及,这些规则发挥着特别重要的作用。正如玛丽·亨利指出的那样,如果人们无法进行逻辑推理,从同一前提下得出不同的结论,就很难看出他们如何能够相互理解,遵循对方的想法,达成共同的决定,并共同努力。[2]

---

[1] 基思·德夫林,《再见,笛卡尔》(1997),第 167、218 页。
[2] 玛丽·亨利,《逻辑与思维之间的关系》(1962)。

第十三章

一起好好思考

> 现在对一些人来说，看似明智比看似不明智更有价值。
>
> ——亚里士多德，《辩谬篇》

正如普林斯顿大学教授菲利普·约翰逊－莱尔德所说，人生的事业取决于进行推演的能力。[1] 不仅科学需要逻辑，清晰的逻辑推理也是法律和政治科学的基石。美国法学院入学考试管理人员表示，他们的分析推理问题"模拟了法律专业学生在解决法律问题时必须对关系进行的各种详细分析"[2]。我要补充的是，良好的推理能力对于解决任何问题都至关重要。测试人员强调，应试者应该特别注意所使用的词语，并仔细阅读语言以提取其准确的意思。这些问题充满了逻辑条件句、合取式、析取式和否定式。测试准备提示建议使用图示作为解决这些问题

---

[1] 菲利普·约翰逊－莱尔德，《演绎推理》（"Deductive reasoning"），《心理学年鉴》（*Annual Review of Psychology*），1999年，第61卷，第9期。

[2] 参见美国法学院入学考试（LSAT）官网。

的工具。下面展示了分析推理中一个问题的例子。

说明：这一部分的每组问题都基于一系列的条件。在回答一些问题时，画一个粗略的图可能是有用的。选择最准确、最完整地回答每个问题的答案，并将答案纸上相应的空格涂黑。

大学图书馆预算委员会必须根据以下条件，在八个支出领域——G、L、M、N、P、R、S和W——中削减五个：

如果G和S被消减，W也被消减。

如果N被消减，R和S都不会被消减。

如果P被消减，L不被消减。

在L、M和R三个领域中，正好有两个被消减了。

如果W被消减，以下哪一项是要被消减的其他四个支出领域的完整而准确的清单？

A. G, M, P, S

B. L, M, N, R

C. L, M, P, S

D. M, N, P, S

E. M, P, R, S

（来源：《官方LSAT模拟测试》，1966年10月，表格7LSS33。

经美国法学院入学委员会授权使用。)

因为只有一个答案符合规则，其他四个答案一定违反了规则。此外，这个问题要求我们假设 W 被消减，所以给五个可能的答案中的每一个都要加上 W。第一个条件，"如果 G 和 S 被消减，W 也被消减"意味着没有 W，我们在清单中就不能有 G 和 S。这不会消除任何一个答案。带有 G 和 S 的唯一答案是答案 A，它也有 W。第二个条件告诉我们，N 和 R 一起，N 和 S 一起，N 和 R 及 S 一起都违反了这个条件。这消除了答案 B 和 D。第三个条件提供了 P 与 L 相背，消除了答案 C。第四个条件规定必须包括 L，M 和 R 中的两个，而不是全部三个。这消除了答案 A，只留下一个答案；让我们检查一下 E 与最后一个条件的一致性。因为 E 不违反那个条件或任何其他条件，所以 E 是正确答案。

对基于逻辑推理的 LSAT 问题，考生必须从几个可以解决问题的答案中选择最佳答案，正如我们必须在日常生活中权衡选择和可能性一样。这些说明警告我们，不要引入根据常识标准而不可信、多余或与文章不相容的假设。下面的例子显示了这样一个问题。

说明：这部分的问题是基于包含在简短陈述或段落中的推理。对于一些问题，可以想象不止一个选项可以回答这个问题。然而，你要选择最好的答案；也就是说，最准确、最完整地回答问题的答案。根据常识标准，你不应该做出不可信、多余或与文章不相容的假设。在你选择了最佳答案后，在你的答题纸上涂黑相应的空格。

创造力的关键在于能够根据一个主题进行变化。例如，如果我们看一下科学史，我们会发现，每个想法都是建立在成千上万个相关的想法之上的。仔细的分析让我们明白，我们选择称之为新主题或新发现的东西本身总是——毫无例外地——对以前主题的某种深层变化。

如果这段话中的所有陈述都是正确的，那么下列每一项都必须是正确的，除了：

A. 缺乏对先前主题进行变化的能力意味着缺乏创造力。

B. 没有一种科学思想是完全独立于所有其他思想的。

C. 仔细分析一个特定的变化可以揭示它变化之前的一个主题。

D. 所有伟大的科学发现者都能够制造一个主题的变化。

E. 有的新的科学发现在深层上并不代表先前主题的变化。

(来源：《官方 LSAT 模拟题测试》，1996 年 10 月，表格 7LSS33。经美国法学院入学委员会授权使用。)

这个文本非常紧凑，但我们可以识别出几个已经讨论过的逻辑术语和概念。"缺乏……"是一种否定，就像"没有一种科学思想……"，而答案 D 和 E 用到了量词"所有"和"有的"。此外，同样重要的是，我们要区分真和有效。我们必须假设这段话是"真"的，即使我们不同意它。答案 B，C 和 D 似乎是这个文本的中心论点，所以我们需要同意它们都为真。开篇的句子写道："创造力的关键在于能够根据一个主题进行变化。"让我们用条件句的形式来解释它："如果一个人有创造力，那么这个人就有能力在一个主题上做出变化。"答案 A 是这个条件句的逆否命题，"如果一个人没有能力制造一个主题的变体，那么这个人就不能被认为是有创造力的。"不管你是否同意，如果这一段为真，那么它的逆否命题即答案 A 就为真。这段话唯一不支持的说法是 E，即"有的"发现不是对先前主题的变化。

逻辑推理本可以用来避免灾难的几个值得注意的例子最近

被曝光了。导致切尔诺贝利灾难的实验操作人员面临的信息并不是:"如果测试继续,涡轮机必须足够快地旋转来发电。涡轮机转速不够快。"如果操作人员做出了否定后件式的推断,"因此测试不应该继续",也许熔毁是可以避免的。[1]

这是一个我们在推理时使用哪个大脑半球的问题吗?20世纪60年代的脑裂(split-brain)研究阐明了逻辑范畴的思维是一种严格的左半球功能而心理意象和空间意识是在右半球处理的理论,但这一理论已基本被抛弃,取而代之的理论是,两个半球之间的区别是一种微妙的区别——处理方式的区别。左脑擅长处理词语和词语序列的精确表示,而右脑提供上下文和意义。今天,科学家们相信,大脑的两个部分都具有每一种心理能力。当然,在三段论推理中,左半球起作用,承载着我们大脑的逻辑、语言部分,通常借助于在右脑半球那里唤起的空间意象和思维图。[2]

在过去的40年里,我们假设世界各地的人们都拥有普遍

---

[1] 鲁思·M. J.伯恩,奥兰多·埃斯皮诺,卡洛斯·桑塔玛丽亚,《反例与推理的压缩》,《记忆与语言杂志》,1999年,第40卷,第347—373页;迈克尔·布鲁克斯(Michael Brooks),《再次被愚弄》("Fooled again"),《新科学家》(*New Scientist*),2000年12月,第9期,第24—28页。

[2] 约翰·麦克龙(John McCrone),《左脑与右脑》("Left brain, right brain"),《新科学家》,1999年7月,第3期,第26—30页。

的思维模式，比如分类和逻辑推理。事实上，现代西式教育的广泛开展确保了逻辑原则的引入。早在公元 10 世纪，阿拉伯学者就是亚里士多德式逻辑的伟大学生，将他们关于亚里士多德的知识传播到了穆斯林世界。[1] 佛教逻辑在 6 世纪和 7 世纪发展了自己的三段论体系，出现了显著的亚里士多德式的三段论，佛教逻辑甚至发展了自己版本的肯定前件式和否定后件式。

由于西方形式的逻辑学的广泛普及，对认知过程普遍性的研究通常被忽视。密歇根大学理查德·E. 尼斯比特（Richard E. Nisbett）最近的研究表明，东方和西方的推理框架可能有很大的不同。尼斯比特和他的同事指出，西方逻辑从希腊公开辩论的传统演变而来，是一种更加基于规则的观点，而来自儒家社会的东方文化鼓励社会和谐，而不是公开辩论。这种文化取向在许多认知过程实验中的质性差异中被揭示出来。然而，当文化取向不是问题时——并且使用了抽象材料——韩国和美国学生在逻辑任务上的表现同样好。尼斯比特指出，他的研究并

---

[1] 威尔伯·塞缪尔·豪厄尔（《1500—1700 英国的逻辑与修辞》，1961）指出，阿尔法拉比（Al-Farabi）的著作《科学城的自由》（*Liber de Divisione Scientiarwn*）为当时（10 世纪）的其他学者所熟知。其他重要的学者是阿维森纳（Avicenna，11 世纪）和阿威罗伊（Averroës，12 世纪）。

没有最终表明文化支配推理风格，但它确实表明思维的普遍特征可能很难确定。[1]

专家们不同意这一观点，关于不同文化间推理过程普遍性的研究也很少，但我们似乎必须有一套共同的基本意义规则作为基础。如果我们想了解彼此和我们自己，我们至少必须理解一致意味着什么、矛盾意味着什么。但是，演绎规则又如何呢？我们是用三段论来推理吗？

最遥远的原始农民难道不会对他的庄稼和牛做出推论吗？当他把他的牛送到牧场时，他必须推理："如果它们没有受伤或生病，每头牛今晚都会回来。"假设牛没有受伤或生病。肯定前件式的结论是："然后它们都回来了。"假设一头牛没有回来。否定后件式的结论是："那头牛一定是受伤或生病了。"假设它们都回来了。农民不会陷入肯定后件的谬误；他将彻底检查每头牛——尽管如此，它们可能会受伤或生病。我想我们必须得出结论说，我们确实使用了很久以前制定的推理规则。

毫无疑问，农民并没有清楚地意识到他的推理规则。事实

---

[1] 布鲁斯·鲍尔（Bruce Bower），《理性的文化》（"Cultures of reason"），《科学新闻》（*Science News*），2000年1月，第157卷，第22期，第56—58页；理查德·E.尼斯比特等，《文化与思想体系：整体认知与分析认知》，《心理学评论》，2001年，第108卷，第291—310页。

上,我们大多数人都没有意识到我们用来推理的规则。但这并不意味着没有规则。德国慕尼黑马克斯·普朗克研究所适应性行为和认知中心主任格尔德·吉格伦泽(Gerd Gigerenzer)说,明智的决策是由保持一致性、面对新信息修正思维、迅速做出判断或做出事后证明合理的判断的愿望形成的。最佳判断考虑了所有相关和可用的信息。然而,个人通常不具备"最佳"推理的时间、知识或计算能力。我们通常会从众多选择中挑选出第一个满意的选择,而不是等着去调查所有可能的选择。[1]

吉格伦泽试图确定思维实际使用的简单心理学原理。他确信这些原理是合理的,因为它们是准确的,并且可以迅速起作用。他坚持认为,思维进化并不是为了进行像符号逻辑和复杂概率计算这样的计算,而是依赖简单的思维机制,这些机制对来自周围环境的可用信息进行操作。

逻辑规律是思维规律吗?乔治·布尔将他开创历史的著作命名为"思维规律的研究"。《王港逻辑》最初的标题是"思维的艺术",在第二版和之后的版本中,作者注意到有些人反对这个标题:

---

[1] 布鲁斯·鲍尔,《理性思维设计》("Rational mind designs"),《科学新闻》,1996年7月,第150卷,第13期,第24—25页。

我们发现有些人对"思维的艺术"这个标题不满意，他们希望我们用"好好推理的艺术"(The art of reasoning well)来代替。但是，我们希望这些反对者考虑一下，因为逻辑的目的是为心灵的所有操作提供规则，因此也给简单的想法以及判断和推理提供规则，几乎没有任何其他的词能够包括所有这些操作："思考"(thought)这个词当然把它们都包括进来了；因为简单的想法是思考，判断是思考，推理也是思考。的确，我们可能也会说成"好好思考的艺术"(The art of thinking well)；但是，这种增加是不必要的，因为艺术这个词已经充分表明了这一点，正如亚里士多德自己所说，艺术本身就意味着一种做好事情的方法。因此，只说绘画的艺术、计算的艺术就足够了，因为人们认为没有必要为了画得不好或计算错误而艺术。[1]

但是，逻辑可能是用自然语言好好思考的理想化（idealization）——作为人们应该如何思考的一个明确指标。如果逻辑被认为是一种推理模型，就像数学模型一样，那么逻辑将会阐明我们的思考，而不是在所有方面都与它完全相同。亚

---

[1] 安托万·阿尔诺，皮埃尔·尼科尔，《王港逻辑》，托马斯·斯潘塞·贝恩斯英译（1887），第14—15页。

里士多德认为，逻辑是我们如何进行良好推理的描述或模型。

这并不是说我们是或者应该是推理机器。人类的大脑比计算机能够思考更多的事情。如果我是诚实的，我说农场在房间里，大多数人都能够想象出一个完全符合逻辑的场景——就像一个孩子在卧室里的游戏农场。每当只进行逻辑和定义时，计算机可能会有困难。

我们有共同的心理语言基础吗？如果存在着人类推理规则，那么它们是什么？它们是我们一直在讨论的推理规则还是其他一些规则？当你对自己说，"那没有任何意义"，你是什么意思？

推理理论

人类最高层次的推理依赖形式推理规则，这个观点可以追溯到古希腊，并由让·皮亚杰的学习理论提出。皮亚杰把推理过程从童年到成年的自然演变描述为经过一系列阶段，最后一个阶段是在我们十八九岁时。在这个阶段，我们已经到了形式推理阶段，应该能够对抽象材料进行推理。今天，两种主要的理论试图解释推理的基本机制——推理基于规则的理论和推理基于模型的理论。规则论者们确信，人类是根据类似于逻辑形式规则的规则集合来进行推理的,尽管我们不一定意识到那些规则是什么。他们认为,人类有一种自然逻辑。

心理模型理论认为,推理者使用前提和常识的意义来想象正在考虑的可能性。根据这一理论,推理者基于他们对前提的理解和在思考过程中可能触发的任何相关的一般信息来建立心理模型。然后,推理者会根据他们的心理模型得出结论,并寻找那些暂时结论是错误的替代模型(寻找反例)。如果反例产生一个替代模型,则重复该步骤,但是如果推理者不能产生一个替代模型,则结论被接受为是从前提得出的。

两种理论都预测,推理中涉及的步骤越多(要么必须构建更多的模型,要么必须调用更多的规则来推导出推论),推理问题就越困难,这是由于我们的短期或工作记忆受到限制,以及精神的过重负担。[1] 在许多方面,规则和模型并不是不相容的。

第三个理论视角为我们提供了一个解释,解释了为什么有些推论是"自然地"产生的,即那些运用我们日常生活中的语

---

[1] 心理模型理论参见:菲利普·约翰逊-莱尔德,《演绎模式》("Models of deduction"),出自:雷切尔·J. 法尔马根编,《推理:儿童和成人中的表达与过程》(1975);菲利普·约翰逊-莱尔德,鲁思·M. J. 伯恩,《条件句》,《心理学评论》,2002年,第109期,第646—678页。

言并对我们有意义的推论。例如，语用学家指出，人类可以根据给予许可、定义义务或同意合同的条件进行推理，例如"如果一个人在喝啤酒，那么这个人必须年满 18 岁"或"一个人只有年满 18 岁才能喝啤酒"。[1]

所有理论都承认反例的力量。但是，研究人员并不确定我们如何以及何时在推理中提出反例。不幸的是，大部分文献提出的问题都比答案多。专家们一致认为，如果要更好地解释人类如何做出推论，推理理论必须解决推理中需要处理的和解释性的假设。[2] 哪些因素会影响反例的构建？人们什么时候会找不到反例？他们什么时候能得出结论？

如果人们通常不遵循逻辑规则，但有一些其他的自然逻

---

[1] 语用推理理论参见：理查德·A. 格里格斯，詹姆斯·R. 考克斯，《沃森选择任务中难以解释的主题材料》，《英国心理学杂志》，1982 年，第 73 卷，第 407—420 页；理查德·E 尼斯比特等，《教学推理》，《科学》，1987 年 10 月 30 日，第 238 卷，第 625—631 页。

[2] 塞缪尔·菲伦鲍姆（Samuel Fillenbaum），《演绎推理：什么是前提以及它们是如何被解释的？》（"Deductive reasoning: What are taken to be the premises and how are they interpreted?"），《行为与脑科学》，1993 年，第 16 卷，第 2 期，第 348—349 页；克里斯汀·迪尔赛尔特等，《复杂条件句推理中的策略》，《思维与推理》，2000 年，第 6 卷，第 125—160 页；沃尔特·斯罗耶斯，沃尔特·谢肯等，《否定命题推理中的启发过程和分析过程》（"Heuristic and analytic processes in propositional reasoning with negatives"），《实验心理学杂志：学习、记忆与认知》（Journal of Experimental Psychology: Learning, Memory, and Cognition），2000 年，第 26 卷，第 1713—1734 页。

辑规则，为什么我们不设计一个不同的逻辑系统，使用更自然的规则呢？但是，我们如何向对方解释这套新规则呢？我们不得不使用词语——词语意味着什么？为了给我们新的逻辑语言表达任何新的规则，难道我们不需要使用和"所有""不"及"如果"等词语有相同意思的词语吗？毫无疑问，它们将具有逻辑的当前规定赋予它们的逻辑意义。所以，如果我们使用的词语和表达式具有非常好的意义，为什么我们还要发明新的呢？

即使我们是合理的，我们也会犯推理错误，而且我们会犯很多错误。安托万·阿尔诺和皮埃尔·尼科尔认为，这些错误主要是由错误的原则而不是错误的推理引起的，换句话说，是由被推理的事物而不是思想的形式引起的。然而，戈特弗里德·莱布尼茨反对他们的说法，他说，他经常观察到数学家自己经常忽视思想形式并在思想形式方面失败。《王港逻辑》的一名译者指出，有时我们从错误的前提进行逻辑推理，有时我们不能从可靠的前提进行逻辑推理，而是经常从不可靠的前提进行不可靠的推理：

毫无疑问，普通的推理失败了，有时是在一个方面，有时是在另一个方面，而且经常是在两个方面；可靠的判

> 断通常构成不可靠推理的基础；判断通常是不可靠的，而由此产生的推理是有效的；同时，判断是假的，推理是恶性循环的，这种情况并不少见。[1]

某些科目，如物理、化学、数学和医学，对我们大多数人来说可能非常不直观。如果化学系的一位同事告诉我，"如果物质是氯离子，那么反应将是白色沉淀"，我倾向于相信他的话。我对氯离子和白色沉淀几乎没有什么直觉，所以我可以很容易地做出适当的肯定前件式和否定后件式推论，避免常见的谬误。但是，当我们对条件句的内容有所了解时，推理就变得毫无意义了。

推理过程高度依赖内容和背景。当遇到诸如"如果被邀请，那么史蒂文会去参加聚会"和"如果图书馆保持开放，那么埃莉莎整晚都会在图书馆学习"这样的条件句时，研究人员不应该感到惊讶的是，人们会把他们的常识背景知识带到手头的任务中。人们通常倾向于推断这些陈述意味着"史蒂文只有在被邀请的情况下才会去参加聚会"和"只有在图书馆开放的情况下，埃莉莎才会整晚都在图书馆学习"。这些前提被认为

---

[1] 安托万·阿尔诺，皮埃尔·尼科尔，《王港逻辑》，托马斯·斯潘塞·贝恩斯英译（1887），第 179 页以及第 373—374 页上关于第 7 页的脚注。

是必要的，而且有充分的理由。我们对社交邀请和图书馆是如何运作的有一些直觉，我们通常不会盲目去聚会或图书馆。当面对与我们的背景假设相冲突的材料时，什么样的理性的人会抛弃常识而严格应用逻辑规则呢？

对许可的条件进行推理，不仅要对所使用的材料敏感，而且对所采取的观点也要敏感。我们不太可能将"如果一个人在喝啤酒，那么这个人必须超过 18 岁"解释为"只有当这个人在喝啤酒时，这个人才超过 18 岁"。然而，"如果你打扫你的房间，那么你可以看电视"的意思取决于你站在谁的立场。如果母亲发现自己的孩子不打扫卫生，也不看电视，她会认为自己的规定被违反了；如果孩子打扫卫生，但仍不能看电视，他会认为自己的母亲违反了她的规定。最有可能的是，他们都认为这个规则是双重的，"如果你打扫你的房间，那么你可以看电视，只有当你打扫你的房间，你才可以看电视"。[1]

心理学家设计的一些测量推理能力的任务看起来似乎很简单，但是需要我们的短期记忆来计算太多的信息。"沃森选择任务"看起来很简单，但正如一位专家指出的那样，它非常抽象，

---

[1] 菲利普·约翰逊-莱尔德，《演绎推理》，《心理学年鉴》，1999 年，第 61 卷，第 9 期。

因此很复杂。[1] 其他任务，比如 THOG 问题，会把我们的注意力吸引到错误的地方。我们需要更好地理解被试的注意力集中在哪里，以及为什么它集中在那里。研究人员说，我们选择我们认为相关的信息，而不是所有信息。人们考虑的是最合理的模型而不是所有可能的模型。人们判断哪些信息在逻辑上是相关的、哪些是不相关的，人们将逻辑规则应用于问题中看似相关的方面，但他们并不主动寻找可能被证明相关的数据。这对我们的批判性思维和决策都会产生影响。正如一位研究人员所问，"如何将问题呈现给决策者，以便最大限度地关注相关数据，并最大限度地减少对无关数据的关注？"[2]

显然，我们在逻辑上犯错误是因为我们的注意力放在了错误的地方；我们并不积极寻找反例来得出一个试探性的结论；当我们的常识与我们的逻辑意识相冲突时，我们坚持我们的直觉，这通常是错误的。有证据表明我们可以变得更有逻辑性吗？逻辑可以教吗？大多数结果并不令人鼓舞。一些研究表明，即使在完

---

[1] 莫里斯·A. 菲诺基亚诺（Maurice A. Finocchiaro），《推理的心理学解释》（"The psychological explanation of reasoning: Logical and methodological problems"），《社会科学哲学》(Philosophy of the Social Sciences)，1979 年 9 月，第 9 卷，第 277—292 页。
[2] 乔纳森·埃文斯，《推理中的启发过程和分析过程》，《英国心理学期刊》，1984 年，第 75 卷，第 451—468 页。

成了大学逻辑入门的整个课程后，学生在使用条件句和双条件句逻辑的能力上只表现出了极小的提高。¹ 教授们哀叹于这样一个事实：学生发现形式演绎系统研究与他们自己格格不入，从而使得这些课程很难教。然而，其他研究表明，尽管范例训练和抽象规则训练都不能有效地提高被试解决涉及条件句的特定具体问题的能力，但当同时进行这两种训练时，学生的成绩会显著提高。²

理查德·尼斯比特和他的同事认为，使用预先存在的许可和义务概念（两者都是契约的形式）是教授条件句的有效方法。他们发现，他们所谓的基于义务的训练不仅能有效改善义务型问题，还能有效改善武断型问题。许可和义务条件句都是"如果 p，那么 q"型的推论，其中许可 q 是给 p 的。"如果你在新泽西取得驾照，那么你必须通过笔试。"后件 q 是行动 p 的必要许可，但不是充分许可。通过笔试是必要的，但可能不是唯一的必要条件（有最低年龄要求，有些人必须通过驾驶考试）。这些教学例子的重要性在于，如果它们被正确地构建和明智地选择，常识和直觉将会防止你将条件句（错误地）解释为双条件句。"如果你不闭嘴，我就尖叫"是一个不好的教学例

---

[1] 根据选择任务来衡量，平均改善只有 3%。

[2] 理查德·E 尼斯比特等,《教学推理》,《科学》, 1987 年 10 月 30 日, 第 238 卷, 第 625—631 页。

子，而"如果你合法地喝啤酒，那么你已经超过18岁了"是一个好的教学例子。

皮亚杰认为，我们可以达到解决命题运算中的问题所必需的高度抽象水平，但认知发展是自发的，除非通过自我发现，否则无法教授。但是，如果我们要通过自我发现来学习，难道我们不需要一致明确的例子来发现吗？尼斯比特和他的同事得出结论，我们应该利用人们在解决日常问题时使用的非形式推理规则系统，即使是推理规则的简单训练也能提高我们对日常生活事件进行推理的能力。[1]

* * *

人类心灵是寻求模式和寻求结构的。我们寻找原因和结果，我们寻找事件之间的联系。有些人认为，合乎逻辑是一种学习的动力，个体都能被训练得有逻辑。如果是这样，也许我们可以将这个概念与皮亚杰的学习理论调和起来。当我们的大脑准备好掌握某些概念时，它的认知能力水平是我们所处发展阶段的指导方针。只有做好准备，我们才能在下一个层次学习。

我们已经看到一些研究，在这些研究中，当后件的必要性

---

[1] 理查德·E. 尼斯比特等，《教学推理》，《科学》，1987年10月30日，第238卷，第625—631页。

被明确时，成年人以近乎完美的能力评估了条件句。其他研究表明，当被试被告知了条件句的必然推论和非必然推论时，错误的推理会大大减少。这种语言密集型的教学方法对那些语言能力和推理能力仍在发展的孩子来说可能是一种特别重要的教学方法。

很难克服我们一生中形成的对语言的随意态度和语言习惯。在正常的谈话中，我们可以不精确，并对如何被理解做出假设，但是，我们应该保持警惕。日常语言的惯例和规则在很大程度上依赖语境，偶尔与逻辑语言不一致。将我们的语言习惯与逻辑法则调和起来，会导致很多混乱。然而，思维的精确和清晰的演绎推理是我们都应该追求的目标。正如查尔斯·桑德斯·皮尔士所说："对于个人来说，……毫无疑问，一些清晰的想法比许多混乱的想法更有价值。"[1]

批评我们自己的推理也非常困难。菲利普·约翰逊－莱尔德指出："相比于批评自己的推论，我们都更善于批评别人的推论。"他补充说，虽然我们认识到反例的力量，但我们更倾向于构建反映我们自己观点的模型，而不是寻找反驳它们的反例。[2] 关于人们如何发现反例或如何从记忆中调取反例，我们知

---

[1] 查尔斯·桑德斯·皮尔士，《如何让我们的想法变得清晰》，《流行科学月刊》，1878年1月，第12卷，第286—302页。
[2] 菲利普·约翰逊－莱尔德，《演绎推理》，《心理学年鉴》，1999年，第61卷，第9期。

之甚少。但是，寻找反例是变得更有逻辑的一个重要因素。我们通常根据从长期记忆、信念、新知识和猜测中获得的信息进行推论。不知何故，这些推论与我们做出逻辑和分析决定的能力并存。如果我们真的用心思考，我们可以变得理性，但通常我们会采用许多捷径来节省我们的时间和精力。

作为有见识的公民和有智慧的人类，我们必须能够认识到论证或争论的要点或问题。无论是在人文科学、社会科学、自然科学、政治、宗教还是法律领域，我们都必须能够从给定的证据中得出合理的结论，并找出相互矛盾的事实或论点。我们必须能够理解、分析和批评演讲、广告、报纸文章和社论、电视谈话节目主持人的口头辩论、非正式讨论和对话，以及专家和教师可能提出的主张和立场。

通常我们没有时间仔细分析呈现给我们的每个论点的所有要素，所以我们必须确定需要密切关注论证的哪些部分。我们可以学会关注正确的事情。当我们教导他人或解释自己时，我们可以做到表达清晰并使用精确的语言。随着我们学会变得更有逻辑，并且让我们的想法变得清晰，我们就已经走在了好好思考的道路上。

参 考 文 献

Almstrum, Vicki L. 1996. Student difficulties with mathematical logic. *DIMACS Symposium Teaching Logic and Reasoning in an Illogical World,* Rutgers, The State University of New Jersey, 25-26 July.

Anderson, Alan R., and Nuel D. Belnap. 1975. *Entailment: The Logic of Relevance and Necessity,* vol. 1. Princeton, NJ: Princeton University Press.

Anderson, John R. 1990. *Cognitive Psychology and Its Implications.* 3rd ed. New York: W. H. Freeman and Company, pp. 289-323.

Aristotle. *The Categories.* Harold P. Cook, 1938a (trans.). Cambridge, MA: Harvard University Press.

——. *On Interpretation.* Harold P. Cook, 1938b (trans.). Cambridge, MA: Harvard University Press.

——. *Prior Analytics.* Hugh Tredennick, 1938c (trans.). Cambridge, MA: Harvard University Press.

———. *The Student's Oxford Aristotle. Vol. 1, Logic. Categoriae, De Interpretation, Analytica Priora, Analytica Posteriora.* W. D. Ross, 1942 (trans.). London: Oxford University Press.

———. *On Sophistical Refutation (De sophisticis elenchis).* E. S. Forster, 1955 (trans.). Cambridge, MA: Harvard University Press.

———. 1994-2000. *On Sophistical Refutation (De sophisticis elenchis).* W. A. Pickard-Cambridge (trans.).

Arnauld, Antoine, and Pierre Nicole. 1887. *The Port Royal Logic (The Art of Thinking).* 10th ed. Thomas Spenser Baynes (trans.). Edinburgh: William Blackwood and Sons. (Original work published in 1662.)

Baron, Jonathan. 1988. *Thinking and Deciding.* New York: Cambridge University Press, pp. 134-67.

Barwise, Jon; Ruth Eberle; and Kathi Fisler. 1996. Teaching reasoning using heterogeneous logic. *DIMACS Symposium Teaching Logic and Reasoning in an Illogical World,* Rutgers, The State University of New Jersey, 25-26 July.

Bell, Eric Temple. 1937. *Men of Mathematics: The Lives and Achievements of the Great Mathematicians from Zeno to Poincaré.* New York: Simon & Schuster, Inc.

Belnap, N. D. 1977. A useful four-valued logic. In J. M. Dunn and G. Epstein (eds.). *Modern Uses of Multiple-Valued Logic.* Dordrecht:

Reidel.

Bezdek, James C. 1993. Fuzzy models—What are they, and why? *IEEE Transactions on Fuzzy Systems* 1(1): 1-6.

Boole, George. 1854. *An Investigation of the Laws of Thought, on Which Are Founded the Mathematical Theories of Logic and Probabilities.* New York: Dover Publications, Inc.

Bower, Bruce. 1996. Rational mind designs. *Science News* 150 (July 13): 24-25.

——. 2000. Cultures of reason. *Science News* 157 (January 22): 56-58.

Boyer, Carl B. 1985. *A History of Mathematics.* Princeton: Princeton University Press.

Braine, Martin D. S. 1978. On the relation between the natural logic of reasoning and standard logic. *Psychological Review* 85: 1-21.

Braine, Martin D. S., and David P. O'Brien. 1991. A theory of *If*: A lexical entry, reasoning program, and pragmatic principles. *Psychological Review* 98(2): 182-203.

Britton, Karl. 1970. *Communication: A Philosophical Study of Language.* College Park, MD: McGrath Publishing Company.

Brooks, Michael. 2000. Fooled again. *New Scientist* (December 9): 24-28.

Byrne, Ruth M. J.; Orlando Espino; and Carlos Santamaria. 1999. Counterexamples and the suppression of inferences. *Journal of*

Memory and Language 40: 347-73.

Carroll, Lewis. 1889. *Sylvie and Bruno*. London: Macmillan and Co.

——. 1895. What the tortoise said to Achilles. *Mind* 4(14): 278-80.

——. 1896. *Symbolic Logic by Lewis Carroll. Part I. Elementary.* 5th ed. *Part II. Advanced* (never previously published). Together with letters from Lewis Carroll to eminent nineteenth-century Logicians and to his "logical sister," and eight versions of the *Barber-Shop Paradox*. William Warren Bartley, III (éd.). New York: Clarkson N. Potter, Inc., 1977.

——. 1960. *The Annotated Alice. Alice's Adventures in Wonderland & Through the Looking Glass*. With an introduction and notes by Martin Gardner. New York: Clarkson N. Potter, Inc.

Carruccio, Ettore. 1964. *Mathematics and Logic in History and in Contemporary Thought*. Isabel Quigly (trans.). London: Faber and Faber.

Cassells, Ward; Arno Schoenberger; and Thomas Grayboys. 1978. Interpretation by physicians of clinical laboratory results. *New England Journal of Medicine* 299: 999-1001.

Ceraso, J., and A. Provitera. 1971. Sources of error in syllogistic reasoning. *Cognitive Psychology* 2: 400-10.

Church, Alonzo. 1956. *Introduction to Mathematical Logic. Vol.1.* Princeton: Princeton University Press.

Cicero. *Topica*. H. M. Hubbell, 1949 (trans.). Cambridge, MA: Harvard University Press.

Clark, H. H. 1977. Linguistic processes in deductive reasoning. *Thinking: Readings in Cognitive Science.* Philip N. Johnson-Laird and Peter Cathcart Wason (eds.). Cambridge University Press, pp. 98-113.

Davis, Martin. 2000. *The Universal Computer:The Road from Leibniz to Turing.* New York: WW Norton & Company.

De Morgan, Augustus. 1966. *On the Syllogism and Other Logical Writings.* Peter Heath (éd.). New Haven:Yale University Press.

Devlin, Keith. 1997. *Goodbye, Descartes: The End of Logic and the Search for a New Cosmology of the Mind.* New York: John Wiley & Sons, Inc.

Dieussaert, Kristien; Walter Schaeken; Walter Schroyens; and Géry d'Ydewalle. 2000. Strategies during complex conditional inferences. *Thinking and Reasoning* 6: 125-60.

Dunham, William. 1990. *Journey through Genius.* New York: Penguin Books.

Durand-Guerrier, Viviane. 1996. Conditionals, necessity, and contingence in mathematics class. *DIMACS Symposium Teaching Logic and Reasoning in an Illogical World,* Rutgers, The State University of New Jersey, 25-26 July.

Eddy, David M. 1982. Probabilistic reasoning in clinical medicines: Problems and opportunities. *Judgment under Uncertainty: Heuristics and Biases.* New York: Cambridge University Press, pp. 249-67.

Educational Testing Service (ETS). 1992. *The PRAXIS Series Professional Assessments for Beginning Teachers: NTE Core Battery Tests Practice &. Review.* Princeton, NJ: ETS.

———. 1997. GRE (*Graduate Record Examination*) *Practice General Test.*

Epp, Susanna S. 1996. A cognitive approach to teaching logic. *DIMACS Symposium Teaching Logic and Reasoning in an Illogical World,* Rutgers, The State University University of New Jersey, 25 of New Jersey, 25-26 July.

———. 1999. The language of quantification in mathematics instruction. *Developing Mathematical Reasoning in Grades K-12, 1999 Yearbook.* LeeV. Stiff and Frances R. Curcio (eds.). Reston,VA: National Council of Teachers of Mathematics.

Euler, Leonhard. 1812. *Lettres a une Princesse D'Allemagne sur divers sujets de physique et de philosophie* (*de l'éloge d'Euler par Condorcet*)*, Nouvelle* édition. Paris: Mme ve Courcier, Bachemier.

———. 1843. *Lettres a une Princesse D'Allemagne sur divers sujets de physique et de philosophie* (*de l'éloge d'Euler par Condorcet*),

Nouvelle édition. Paris: Charpentier, Libraire-Éditeur.

——. 1997. *Letters of Euler to a German Princess on Different Subjects in Physics and Philosophy* (CI-CVIII). Henry Hunter (1795 trans.). London reprint. Bristol, England:Thoemmes Press.

Evans, Jonathan St. B. T. 1984. Heuristic and analytic processes in reasoning. *British Journal of Psychology* 75: 451-68.

Falmagne, Rachael J. (éd.). 1975. *Reasoning: Representation and Process in Children and Adults.* Hillsdale, NJ: Erlbaum.

Finocchiaro, Maurice A. 1979. The psychological explanation of reasoning: Logical and methodological problems. *Philosophy of the Social Sciences* 9 (September): 277-92.

Gardner, Martin. 1982. *Logic Machines and Diagrams.* 2nd ed. Chicago: University of Chicago Press.

——. 1996. *The Universe in a Handkerchief: Lewis Carroll's Mathematical Recreations, Games, Puzzles, and Word Plays.* New York: Copernicus.

Griggs, Richard A., and James R. Cox. 1982 . The elusive thematic-materials effect inWason's selection task. *British Journal of Psychology* 73: 407-20.

Gullberg, Jan. 1997. *Mathematics: From the Birth of Numbers.* New York: W. W. Norton & Company.

Gupta, S. N. 1895. Nature of inference on Hindu logic. *Mind* 4 (14):

159-75.

Halmos, Paul, and Steven Givant. 1998. *Logic as Algebra*. Dolciani Mathematical Expositions, No. 21 . The Mathematical Association of America.

Hammer, Eric M. 1995. *Logic and Visual Information*. Stanford, CA: Center for Study of Language and Information.

Harley, Robert. 1879. The Stanhope Demonstrator. *Mind* 4 (April): 192-210.

Henle, Mary. 1962. On the relation between logic and thinking. *Psychological Review* 69 (4): 366-78.

Hersh, Reuben. 1997. Math lingo vs. plain English: Double entrendre. *The American Mathematical Monthly* 104 (January): 48-51.

——. 1998. *What is Mathematics, Really?*. New York: Oxford University Press.

Hobbes, Thomas. 1930. *Hobbes Selections*. Frederick J. E. Woodbridge (éd.). New York: Charles Scribner's Sons.

Hofstadter, Douglas R. 1979. *Gbdel, Escher, Bach:An Eternal Golden Braid*. New York: Vintage Books.

How Calculating Machines Work. Museum of HP (Hewlett-Packard) Calculators.

Howell, Wilbur Samuel. 1961. *Logic and Rhetoric in England, 1500-1700*. New York: Russell & Russell, Inc.

Inhelder, Bärbel, and Jean Piaget. 1964. *The Early Growth of Logic in the Child.* E. A. Lunzer and D. Papert (trans.). New York: Harper & Row, Publishers.

Ishiguro, Hide. 1972. *Leibniz's Philosophy of Logic and Language.* Ithaca, NY: Cornell University Press.

Jansson, Lars C. 1974. *The development of deductive reasoning: A review of the literature. Preliminary version.* Annual meeting of the American Educational Research Association. Chicago, IL, April 1974. (ERIC #ED 090 034).

Jevons, William Stanley. 1870. On the mechanical performance of logical inference. *Philosophical Transactions of the Royal Society* 160: 497-518.

Johnson-Laird, Philip N. 1975. Models of deduction. *Reasoning: Représentation and Process in Children and Adults.* Rachael J. Falmagne (éd.). Hillsdale, NJ:Erlbaum, pp. 7-54.

——. 1999. Deductive reasoning. *Annual Review of Psychology.* 61(9).

Johnson-Laird, Philip N., and Ruth M. J. Byrne. 2002. Conditionals: A theory of meaning, pragmatics, and inference. *Psychological Review* 109: 646-78.

Johnson-Laird, Philip N.; Paolo Legrenzi; Vittorio Girotto; and Maria S. Legrenzi. 2000. Illusions in reasoning about consistency. *Science* 288 (April 21): 531.

Johnson-Laird, Philip N., and Peter Cathcart Wason (eds.). 1977a. Introduction to deduction. *Thinking: Readings in Cognitive Science.* Cambridge: Cambridge University Press, pp. 75-88.

Johnson-Laird, Philip N., and Peter Cathcart Wason. 1977b. A theoretical analysis of insight into a reasoning task. *Thinking: Readings in Cognitive Science.* Cambridge: Cambridge University Press, pp. 143-57.

Kahneman, Daniel; Paul Slovic; and Amos Tversky (eds.). 1982. *Judgment under Uncertainty: Heuristics and Biases.* New York: Cambridge University Press.

Kant, Immanuel. 1800. *Logic: A Manual for Lectures.* Robert S. Hartman and Wolfgang Schwarz, 1974 (trans.). Indianapolis: Bobbs-Merrill Company, Inc.

Klein, Marvin L. 1975. Inferring from the conditional: An exploration of inferential judgments by students at selected grade levels. *Research in the Teaching of English* 9 (2): 162-83.

Kneale, William, and Martha Kneale. 1962. *The Development of Logic.* London: Oxford University Press.

Koehler, Jonathan J. 1996. The base rate fallacy reconsidered: Descriptive, normative, and methodological challenges. *Behavioral and Brain Sciences* 19(1): 1-53.

Latta, Robert (trans.). 1925. Quotes from *De Scientia Universali seu*

Calculo Philosophico in *Leibniz: The Monadology and Other Philosophical Writings,* Oxford University Press, p. 85.

Law School Admission Council. 1996. *The Official LSAT Sample Prep Test,* October 1996, Form 7LSS33.

Leibniz, Gottfried. 1903. De Formae Logicae Comprobatione per Linearum Ductus Press, pp. 1438 from *Die Philosophischen Schriften,* vol. VII, sect. B, IV, pp. 1-10. *Opuscules et fragments inédits de Leibniz* / extraits des ms. de la Bibliothèque royale de Hanovre par Louis Couturat. Paris. Bibliothèque Nationale in Paris Gallica.

———. 1966. *Logical Papers.* G. H. R. Parkinson (trans, and éd.). Oxford: Clarendon Press.

Leibniz's calculating machine, n. d. Retrieved October 2002 from http://www. hfac. uh. edu/gbrown/philosophers/leibniz/Calculator/ Calculator. html.

Leibniz's stepped drum calculating machine, n. d. Retrieved October 2002 from http://www-history. mcs. st-andrews. ac. uk/history/ Bookpages/Leibniz_machine. jpeg

http://www-history. mes. st-andrews. ac. uk/history/Bookpages/ Leibniz_machine2. jpeg.

Macfarlane, Alexander. 1885. The logical spectrum. *The London, Edinburgh, and Dublin Philosophical Magazine and Journal of*

Science 19: 286-90.

Marquand, Allan. 1881. A logical diagram for *n* terms. *The London, Edinburgh, and Dublin Philosophical Magazine and Journal of Science* 12 (October): 266-70.

———. 1885. A new logical machine. *Proceedings of the American Academy of Arts and Sciences* 21 : 303-7.

Maurer, Stephen B. 1996. Teaching reasoning, broadly and narrowly. *DIMACS Symposium Teaching Logic and Reasoning in an Illogical World,* Rutgers, The State University of New Jersey, 25-26 July.

Mays,W., and D. P. Henry. 1953. Jevons and logic. *Mind* 62 (October): 484-505.

McCrone, John. 1999. Left brain, right brain. *New Scientist* (July 3): 26-30.

Mill, John Stuart. 1874. *A System of Logic: Ratiocinative and Inductive. Being a Connected View of the Principles of Evidence and the Methods of Scientfic Investigation.* 8th ed. London: Longman's, Green. (1941 reprint).

Miller, George A., and Philip N. Johnson-Laird. 1976. *Language and Perception.* Cambridge, MA: The Belknap Press of Harvard University Press, pp. 240-47,492-505.

Nisbett, Richard E.; Geoffrey T. Fong; Darrin R. Lehman; and Patricia W. Cheng. 1987. Teaching reasoning. *Science* 238 (October 30):

625-31.

Nisbett, Richard E.; Kaiping Peng; Incheol Choi; and Ara Norenzayan. 2001. Culture and systems of thought: Holistic versus analytic cognition. *Psychological Review* 108: 291-310.

O'Brien, David P. 1987. The development of conditional reasoning: An iffy proposition. *Advances in Child Development and Behavior,* vol. 20. H. W. Reese (éd.). New York: Academic Press, Inc., pp. 61-90.

O'Brien, David P.; Martin D. S. Braine; Jeffrey W. Connell; Ira A. Noveck; Shalom M. Fisch; and Elizabeth Fun. 1989. Reasoning about conditional sentences: Development of understanding of cues to quantification. *Journal of Experimental Child Psychology* 48: 90-113.

O'Brien, David P.; Martin D. S. Braine; and Yingrui Yang. 1994. Propositional reasoning by mental models? Simple to refute in principle and in practice. *Psychological Review* 101 (4): 711-24.

O'Connor, J. J., and E. F. Robertson. 1996. *Couturat.*

O'Connor, J. J., and E. F. Robertson. 1998. *Leibniz.*

O'Daffer, Phares G., and Bruce A. Thornquist. 1993. Critical thinking, mathematical reasoning, and proof. *Research Ideas for the Classroom: High School Mathematics.* Patricia S. Wilson (éd.). National Council of Teachers of Mathematics. New York: Macmillan Publishing Company.

Osherson, Daniel. 1975. Logic and models of logical thinking. *Reasoning: Representation and Process in Children and Adults.* Rachael J. Falmagne (éd.). Hillsdale, NJ: Erlbaum, pp. 81-91.

Peirce, Charles Sanders. 1878. How to make our ideas clear. *Popular Science Monthly* 12 (January): 286-302.

——. 1887. Logical machines. *American Journal of Psychology* 1 (November): 165-70.

——. 1923. *Chance, Love, Logic: Philosophical Essays.* New York: Barnes & Noble, Inc.

——. 1933. *Collected Papers. Volume 3: Exact Logic; Volume 4: The Simplest Mathematics.* Charles Hartshorne and Paul Weiss (eds.). Cambridge, MA: Harvard University Press.

Plato. 1965. *Euthydemus.* Rosamond Kent Sprague (trans.). Indianapolis: Bobbs-Merrill Company, Inc.

Politzer, Guy. 1981. Differences in interpretation of implication. *American Journal of Psychology* 94 (3): 461-77.

Post, Emil Leon. 1921. Introduction to a general theory of elementary propositions. *The American Journal of Mathematics,* xliii: 163-85.

Povarov, Gelliy N. *The First Russian Logic Machines.* Alexander Y. Nitussov (trans, and éd.). (First published as Povarov, G., and A. Petrov. 1978. *Russian Logic Machines.* Moscow.)

Quine, Willard Van Orman. 1959. *Methods of Logic,* (revised ed.) New

York: Holt, Rinehart and Winston.

——. 1966. *The Ways of Paradox and Other Essays.* New York: Random House.

Reichenbach, Hans. 1947. Analysis of conversational language. *Elements of Symbolic Logic.* New York: Macmillan.

Revlis, Russell. 1975. Syllogistic reasoning: Logical decisions from a complex database. R*easoning: Representation and Process in Children and Adults.* Rachael J. Falmagne (éd.). Hillsdale, NJ: Erlbaum, pp. 93-133.

Rucker, Rudy. 1987. *Mind Tools:The Five Levels of Mathematical Reality.* Boston: Houghton Mifflin Company.

Rumain, Barbara; Jeffrey Connell; and Martin D. S. Braine. 1983. Conversational comprehension processes are responsible for reasoning fallacies in children as well as adults: if is not the biconditional. *Developmental Psychology* 19:471- 81.

Schaeken, Walter, and Walter Schroyens. 2000. The effect of explicit negatives and of different contrast classes on conditional syllogisms. *British Journal of Psychology* 91: 533-50.

Schaeken, Walter; Walter Schroyens; and Kristien Dieussaert. 2001. Conditional assertions, tense, and explicit negative. *European Journal of Cognitive Psychology* 13: 433-50.

Schroyens, Walter; Walter Schaeken; and Géry d'Ydewalle. 1999.

Error and bias in meta-propositional reasoning: A case of the mental model theory. *Thinking and Reasoning* 5: 29-65.

Schroyens, Walter; Walter Schaeken; Wim Fias; and Géry d'Ydewalle. 2000. Heuristic and analytic processes in propositional reasoning with negatives. *Journal of Experimental Psychology: Learning, Memory, and Cognition* 26: 1713-34.

Selden, Annie, and John Selden. 1996. The role of logic in the validation of mathematical proofs. *DIMACS Symposium Teaching Logic and Reasoning in an Illogical World,* Rutgers, The State University of New Jersey, 25-26 July.

Sextus Empiricus. *Volume I: Outlines of Pyrrohonism; Volume II: Against the Logicians; Volume III: Against the Physicists* and *Against the Ethicists; Volume IV: Against the Professors.* Rev. R. C. Bury, 1933 (trans.). Cambridge, MA: Harvard University Press (1961 reprint).

Sheffer, Henry Maurice. 1913. A set of five independent postulates for Boolean algebras, with application to logical constants. *Transactions of the American Mathematical Society* 14 (4): 481-88.

Sherwood, John C. 1964. *Discourse of Reason: A Brief Handbook of Semantic and Logic.* New York: Harper & Row.

Smith, Karl. 1995. *The Nature of Mathematics.* 7th ed. Pacific Grove, CA: Brooks/Cole Publishing.

Staudenmayer, Herman. 1975. Understanding conditional reasoning with meaningful propositions. *Reasoning: Representation and Process in Children and Adults.* Rachael J. Falmagne (éd.). Hillsdale, NJ: Erlbaum, pp. 55-80.

Stcherbatsky, Fedor Ippolitovich. 1962. *Buddhist Logic. Volumes I and II.* New York: Dover Publications.

Tammelo, Ilmar. 1978. *Modern Logic in the Service of Law.* Wien, Austria: Springer- Verlag.

Venn, John. 1880. On the diagrammatic and mechanical representations of propositions and reasonings. *The London, Edinburgh, and Dublin Philosophical Magazine and Journal of Science* 9 (59): 1-18.

———. 1894. *Symbolic Logic.* 2nd ed. London: Macmillan and Co.

Wason, Peter Cathcart. 1977. Self-contradictions. *Thinking: Readings in Cognitive Science.* Cambridge: Cambridge University Press, pp. 114-28.

Wason, Peter Cathcart, and Philip N. Johnson-Laird. 1972. *Psychology of Reasoning: Structure and Content.* Cambridge, MA: Harvard University Press.

Whitehead, Alfred North, and Bertrand Russell. 1925. *Principia Mathematica.* 2nd ed. London: Cambridge University Press (1957 reprint).

Wiener, Philip P. (ed.). 1951. *Leibniz Selections.* New York: Charles Scribner's Sons.

Wilcox, Mary M. 1979. *Developmental Journey: A Guide to the Development of Logical and Moral Reasoning and Social Perspective.* Nashville: Abingdon.

Zalta, Edward N. (ed.). *Stanford Encyclopedia of Philosophy.* Winter 2002. Entries: classical logic; fuzzy logic; informal logic; many-valued logic; modal logic; sorites paradox.

译 后 记

作为一门学科，逻辑所讲述的内容被称为逻辑理论，而对于逻辑理论的研究对象，我们可以称之为逻辑。这是一种本身如此、必然如此的东西，是哲学的本质。前人对逻辑的研究以语言的形式被写进了教材，以至要想理解逻辑，我们就需要熟悉逻辑教材的主要内容。逻辑又是科学的结构，这一点是毋庸置疑的。逻辑还会被用作工具，正是通过逻辑，感觉材料才得以组成事实。逻辑还是我们在生活中寻求满足自身愿望的实际工具，它为生活提供了便利，正是逻辑使得我们更容易地生活。

本书作者在导言中讲道，"我们的立场或行为被认为不合逻辑或不一致是对我们的侮辱"，在这个意义上，说人"不懂逻辑"是一句骂人的话。作者还认为，"我们大多数人都认为自己是有逻辑的。但是，种种迹象却显示出一些非常不同的东西。事实证明，我们经常不太符合逻辑"，在这个意义上，我们需要增进对逻辑理论的了解，以便像本书副标题所说的那样，"知道语言何时欺骗了你"。同时，对于本书提到的"故意混淆"的逻辑现象，我们也就可以"顺便"了解到这种"故意"究竟是何意。

我们所译的这本小书尽可能地把这样一些想法涉及的具体理论内容做了非常明白晓畅的说明，很适合作为一本逻辑学普及读物。

承蒙陈昭君、陈昭明、华智敏、张立聪等同好的大力襄助，我们合作完成了本书的翻译工作。具体分工如下：

前言、第十三章、全书校对：刘新文（中国社会科学院哲学研究所）

第一章至第五章：陈昭君（武汉大学哲学学院）

第六章至第十章：陈昭明（湖南大学环境科学与工程学院）

第十一章：华智敏（中国社会科学院大学哲学系）

第十二章：张立聪（中国社会科学院大学哲学系）

由于水平所限，对于译文存在的疏漏之处，敬请方家不吝批评指正！

刘新文

2020 年 5 月